AF417981

Dosis de vida

Transforma tu dolor en poder.
Un viaje hacia la recuperación emocional

Dra. Elizabeth Blass

EDIQUID

DOSIS DE VIDA
© Dra. Elizabeth Blass

Editado por: Corporación Ígneo, S.A.C.
para su sello editorial Ediquid
José Olaya 169, Ofic. 504, Miraflores. Lima, Perú
Primera edición, junio, 2025

ISBN: 978-956-6404-72-9

www.grupoigneo.com
Correo electrónico: contacto@grupoigneo.com | Teléfono: +51 955 071 270
Facebook: Grupo Ígneo | X: @editorialigneo | Instagram: @grupoigneo

Colección: Integrales

Contenido

*A la firmeza de la fe, que me ha permitido
perseverar ante toda prueba.*

A mi familia.
A quienes han formado parte de mi historia de vida.
¡Y salve María!

Dosis de vida

23 de mayo de 2016, en la ciudad de Durango, Dgo., México, es la fecha que tuve que anotar en un día más de trabajo como psicólogo clínico (P. C.); y un día más en la serie de historias por escuchar de todos aquellos que hoy, sin saberlo ni conocerlo, seguramente vendrían a solicitar su cita y reclamar su tiempo.

Desde luego, no hay nada de malo en eso; al contrario, el tener en qué ocuparme, y que sea conforme a lo que estudié en esta muy noble profesión, me entusiasma y me llena de positivismo. No sé por cuánto tiempo pueda mantener esa actitud. Muchos dicen que espere a cumplir unos 28 años en lo mismo para, probablemente, darme cuenta de que no todo es tan positivo como hoy lo creo. Aunque esos comentarios ácidos me producen algo de risa, también tienen algo de verdad.

El ser humano tiene integrada esa bipolaridad: lo bueno y lo malo, lo positivo y lo negativo, la alegría y la tristeza. En fin, hoy sí es un día más de rutina, pero igual hay algo de alboroto por los procesos externos que estamos viviendo en este tiempo, entre ellos los procesos electorales en nuestro estado, que se debaten entre los más fuertes: PRI y PAN, y viceversa. Claro, en la actualidad tenemos candidatos independientes, pero aún con muy poca agitación o simpatizantes en este estado.

En el contexto de todo ese alboroto externo, olvidaba comentar que hoy es Día del Estudiante, lo cual me hace regresar a aquellos tiempos de escuela en los que, por supuesto, tuve la fortuna de ejercer ese rol. No está muy lejano eso, creo. Sin retroceder mucho, recuerdo los años universitarios, en los que precisamente teníamos mayores celebraciones por ese día: había convivios y obsequios, como plumas, gorras, cupones de descuento y algunas veces suspensión de clases, lo cual era genial.

Aunque debería decir lo contrario, era genial porque siempre existía la posibilidad de no hacer lo que se debería hacer en la clase. No porque fuera aburrida, sino porque algunos maestros eran algo lentos y poco cautivadores, por lo que muchas veces era mejor tener una suspensión de clases que una larga cátedra de dos horas continuas. Pfff...

De aquellos días, sin duda cada uno tiene significativas anécdotas. Las mías no son la excepción. Casi siempre traté de tener una dinámica tranquila, sin complicarme la existencia. Por fortuna, mis amigos no eran generadores de problemas graves. Quiero decir que no iban más allá de una broma pesada o del impulso de querer pelear por sus ideales frente a otros grupos de amigos que no congeniaban con sus pareceres.

Al final, nada nuevo. Pero sí teníamos un sentido de pertenencia o identidad. Eso creo que fue lo que más sostuvo la amistad. Casi a ninguno de ellos he vuelto a encontrar. Alguna vez, por circunstancia cotidiana, llegué a verlos en algún lugar, pero fue de manera fugaz. Lo que supe de ellos es que la mayoría ha conformado su familia, y quiero pensar que están bien.

Sin embargo, el tiempo transcurrido ha permitido involucrarme en muchas otras cuestiones en las que, si me hubiesen preguntado aquel 23 de mayo en mi universidad, para nada hubiese creído ni mucho menos imaginado entonces que me involucraría. Hoy, gracias a eso he podido conocer gente nueva y para algunos de ellos soy su amiga; al menos eso dicen.

A decir verdad, la vida social no es mi fuerte. Digo, me agrada; no la rechazo ni mucho menos me aíslo, pero mi forma de ser es algo reservada. Me gusta tener espacios para mí: mi propia agenda o rutina diaria, y algunas veces hacer excepciones, como tener la oportunidad de convivir más con mi familia. Claro, mi trabajo es algo vital para mí, pero he visto que la mera vida social —eventos, bailes, convivencias en grupos— realmente no es para mí. Me agota demasiado. En ocasiones pienso que es a raíz de que en mi trabajo diario tengo tanto contacto social que acabo exhausta. Disfruto más mi soledad, la dulce soledad que pocas veces tengo.

Hoy es una moda y una gran necesidad el uso de los celulares; ya sabes, ese aparato creado para recibir llamadas en cualquier lugar y que ahora tiene una enorme capacidad para llevar contigo internet y, pfff, diversas redes sociales virtuales. Son herramientas que de veras nos facilitan la vida, pero no soy muy afecta a esta tecnología. Sin embargo, valoro su utilidad y ¡la reconozco!

Bueno, pues, últimamente ese famoso aparato interrumpe mi dulce soledad y almacena mensajes y llamadas pendientes de todos los que buscan seguir siendo respaldados en sus problemáticas; o de quienes quieren crear alianzas de trabajo en conjunto para lograr algo según sus intereses. Algunos otros mensajes son de nuevos conocidos que solo quieren saludar.

¡Bingo!, precisamente acaba de sonar mi celular. Permítanme... Dejen que solo revise y regreso luego con ustedes...

Era una amiga, Paty; buena persona, dulce y muy protectora. De hecho, es muy creativa, extremadamente creativa; elabora diseños de dijes y pulseras, perfectos e innovadores, y tiene gran habilidad para la danza. Es madre de una joven de 20 años y abuela de su primer nieto de 4 años. Es casada, pero debo decir que no es tan feliz como merecería. Espero que siempre le sirva de algo mi ánimo y que pueda distraerse con lo bueno que tiene y con los dones que le han sido dados, porque claro que los tiene. En fin, era ella. Me hizo un precioso collar azul turquesa, que desde tiempo atrás había querido. Tranquilamente me dijo que lo intentaría, y para ello me quería. ¡Qué emoción, ya tengo mi collar!

Debo decir que esa es mi gran debilidad: generalmente, cualquier cosa que me gusta quiero obtenerla. A veces no se puede tener o comprar todo, ¿cierto?, pero esos pequeños lujos me gustan. En efecto, no me hace feliz por lo caro o la marca, sino por lo que realmente me agrada. Puede ser muy sencillo, pero tiene algo especial para mí.

Un lunes más. Aunque es probable que haya más trabajo del acostumbrado, es mejor para mí tener ocupación constante. Me permite sentir que el tiempo pasa más rápido en la jornada; cuando menos acuerdo, ya es hora de regresar a casa. Bueno, aún es de mañana y, al parecer, día soleado. Días de primavera y casi comienza el verano, así que vendrán días calurosos. El fin de semana, cada vez que viene, se termina muy rápido, y al iniciar la semana, de nuevo empezamos el primer día de trabajo.

Creo que es día de atención a varios niños, por lo que estoy viendo. He empezado con consultas en el área infantil. Los casos de hoy no son tan problemáticos: niños que no atienden en la escuela, se inquietan para dormir, conductas rebeldes a raíz de padres divorciados o que están en ese proceso. En realidad, hoy está tranquilo. Además, son niños agradables, al menos los que hasta ahorita hemos revisado.

Hora del desayuno, supongo. En unos instantes, mientras pasa la jornada, disfrutaré una manzana verde que traigo. Tengo algo de sueño ligero y el celular me ha dejado de hostigar: sin mensajes ni llamadas. Hasta raro se me hace, pero es mejor el silencio para estar enfocada en mi trabajo y en lo que tengo que hacer. Me da tranquilidad el no estar respondiendo pendientes por el celular ni estar presionada por coordinar o supervisar acciones que emprender en grupos, o con los objetivos de trabajo planteados para quienes conforman la línea de acción de la asociación que manejamos.

Sí, un breve respiro de todo ese mundo de pendientes que, sin querer, me rodea, y que a lo mejor queriéndolo trato de adquirir no tanto para beneficio mío, sino para aquellos que se acercan y buscan algo nuevo y mejor. Respiro, un breve respiro...

Ahora que recuerdo, el reciente fin de semana tuve noticias de un amigo de años atrás, Beto, un compañero en atletismo; ingeniero en electrónica e industrial, increíblemente con tres carreras estudiadas. Y no acabaría de nombrar todo lo que ha hecho, pues ha pasado la mayor parte de su vida estudiando y adquiriendo más especialidades. Es buen hombre, lo digo porque lo conocí, y en aquellos ayeres siempre mostraba cuidado y protección hacia los suyos, sin exhibir soberbia ni orgullo. Al contrario, tenía mucha camaradería.

Recibí noticias de que está bien, siguiendo con su vida, que hoy es mucho más estable. Por lo que me comenta, tiene un trabajo fijo como subdirector de la SEP en el estado de Tlaxcala y está motivado por ello. Me compartió su logro. Por otro lado, está angustiado por su próxima boda. Encontró a una muchacha que, por lo visto, lo hace sentir bien y le ofrece lo que tanto busca: una familia.

Aun así, ha tenido algunas dificultades para simpatizar con el hijo de ella y para que los padres de Beto acepten la conformación de una futura vida juntos. No es porque ella sea mala persona, sino porque no cubre los estándares o valores que ellos consideran que merece su hijo. Muy respetable; todos los padres queremos que nuestros hijos tengan el mejor compañero o compañera en todos los aspectos.

Algunas veces, Beto me llama para platicar sobre sus decisiones o para saber cómo estoy. Es muy buen amigo, podría decir que de los mejores que he tenido. Ocasionalmente, me pregunto si en realidad será feliz. Yo espero que sí. Ha batallado mucho por encontrarse a sí mismo y por superar las tantas dudas y miedos que lo han invadido, como la desesperación. Por eso, cuando me compartió que iba a casarse, me dio cierta tranquilidad saberlo acompañado, pues, quizá, eso sea lo que le haga falta: amor.

Todos los seres humanos necesitamos amor, una palabra bonita y difícil de entender en nuestras vidas. La mayor parte de los pacientes que llegan a mí traen un sinnúmero de lastres a cuestas: dudas, tristezas, desasosiego, lamentos, culpas, odios... Todas las emociones humanas que pudiésemos imaginar, pero que no es necesario imaginarlas porque las vivimos a diario.

Tantas historias que escucho, y que seguiré escuchando, me recuerdan todos los días la complejidad de vivir y de entendernos con los otros: algunos claramente de noble corazón, otros con un corazón confuso y unos pocos con un corazón malo. La madre que llora la pérdida de un hijo; el esposo que amargamente está solo tras la partida de su compañera de vida; el hijo afectado por enfermedades terminales y enojado con la vida; el loco que busca que alguien detenga sus delirios mientras defiende no estar loco; el necio que atribuye su violencia a la causa de convivir con «tontos».

Podría seguirles comentando más sobre quiénes llegan, pero creo que con esto se lo pueden imaginar. Nosotros, quienes estamos para lidiar con todo esto, a veces nos quedamos con la impotencia de aquel que escucha. Sin saberlo, esa impotencia llena nuestra sensibilidad al nivel de cansancio, o lo que se conoce como el famoso síndrome de *burnout*, un cansancio crónico emocional a raíz de situaciones que someten al estrés o a la tensión emocional. El psicólogo no es la excepción; al contrario, está muy expuesto a un alto desgaste e incluso depresión.

No todos los psicólogos tienen el don de saber escuchar y ejercer esta disciplina; lo que muchos han confundido con su sentir y sus complicaciones de vida. Otros siempre han tenido inestabilidad, tratando de arreglarla con los demás. Es decir, estamos confundidos, y la claridad mental solo viene después de que tengamos la capacidad de darnos cuenta de lo que estamos haciendo. Yo espero no caer en algo así, al menos todavía no. No insisto en estar siempre bien o en tener la razón, solo soy consciente de que, tarde o temprano, mi humanismo aflorará en algún momento.

Quizá mi forma de prevenir todo esto sea escribir, y aquí estoy haciéndolo. Probablemente no cambie nada de lo que hoy me sucede, pero sí cambia mi sentir. Escribiéndoles, me siento acompañada. Me desahogo o me distraigo buscando las palabras para transmitírselas y que me permiten fantasear un poco en mi mente sobre qué hacer o qué decir. Siempre he dicho que escribir me relaja, al igual que leer. Es el mundo fascinante de mi propia dulce soledad lo que me inspira hacerlo, y que me vuelve a dar un respiro, un breve respiro.

Las horas transcurren y la jornada casi termina. Unas veces siento que la vida va rápido y otras que se enlentece; hasta vuelo en mi imaginación y creo deducir que existen vidas pasadas. Recuerdo fechas de mucho tiempo atrás, como de 1870, por ejemplo. Aún no logro descubrir la relación de esas fechas conmigo, pero sé que a su tiempo iré concluyendo. En ocasiones veo personas en mi trabajo que me refieren conocimientos, o pienso que ya las he visto. Pero estoy equivocada: es la primera vez que llegan a mí. En definitiva, un *déjà vu*.

Si tuviéramos a un experto en neurología, nos diría que se trata de problemas en las sinapsis nerviosas que generan esas sensaciones o recuerdos creados. Pero para mí hay algo más allá de las cuestiones científicas tan claras y bien comprobadas: hay subjetividad. Y eso es algo que nadie puede tener la certeza real de comprobar con exactitud. La subjetividad es lo que a cada uno nos hace diferentes e irrepetibles.

Si todos supiéramos lo importante que somos para unos y para otros, quizá desataríamos menos guerras entre nuestras familias y en nuestro mundo. Filosofía, tanta filosofía para saber cómo vivir, qué pensar o decir, y tan poco que la utilizamos humanamente. Hace falta recordar que la humanidad no está hecha para batirnos por poder o riquezas, sino para servir. ¿Cuándo recordaremos lo más simple y dejaremos de buscar lo más complejo?

Toc, toc. Más pacientes. En unos instantes vuelvo y seguimos reflexionando.

• • •

Una paciente más, con una dinámica viciada en la violencia y la persecución de su esposo, quien padece delirios de infidelidad o celotipia; es decir, enormes celos incontrolables hacia ella. Me dice que pasó su cita y que siguen donde mismo, sin hacer caso de las recomendaciones de ayuda psiquiátrica y terapia de pareja que les habíamos hecho. Su esposo no está convencido de eso, y señala que la culpable es ella. La mujer viene a mí para preguntarme qué hacer. Mmm... difícil que yo decida su vida.

—¿Qué le hace falta que suceda para que se convenza de hacer lo que tiene que hacer? —fue lo único que pude decirle.

Silencio... Silencio... Espero que de algo le haya servido. Finalmente, se marchó.

Ya terminé por hoy. Me dispongo a concluir mis pendientes administrativos para dirigirme luego a mi hogar. Al fin, mi tranquilo hogar; confortable espacio que resguarda mi dulce soledad. Entonces me apuro y los dejo por un instante. Ansío llegar a casa y trabajar en la otra parte del día que aún no avanza y que me reclama tiempo y pendientes hogareños.

Martes, uno más. Percibo la noche cada vez más corta, me levanto algo cansada. En cada despertar me pregunto si, durante toda mi vida, seré capaz de seguirme levantando temprano y cumplir con el prototipo laboral hasta obtener algún día mi jubilación. Pero es momentáneo; vuelvo en mí y se me pasa. Y heme aquí, escribiendo una vez más mi rutina del día, mientras espero a que mis pacientes toquen a la puerta y de nuevo entremos en el mundo complejo de la mente.

Tengo que confesar que estoy hambrienta y que he destinado una manzana verde para comenzar el día. Son de verdad deliciosas, y lo mejor es que son proteínicas. Ah, claro, y mitigan el hambre.

Mi consulta hoy ha sido con muchos niños; no he tenido adultos. Bueno, solo uno, pero estaba mal diagnosticado. Más bien buscaba la revisión de un especialista en medicina interna para corroborar si es o no diabético.

Espero que el día avance sin contratiempos ni dificultades. Hay días en que la consulta es algo compleja debido al número de pacientes que asisten. En otros, el problema no son los pacientes, sino los mismos compañeros de trabajo o los jefes, que no entienden o no están enterados de la actividad del área. En su necedad, comienzan pidiendo revisiones inmediatas, cuando me es imposible estar en tres lados al mismo tiempo. Creo que no es probable.

Por ahora, no ha faltado el enfermero carismático que todos los días viene a saludarme. Tiene una hija psicóloga, aunque aún sin titularse. Le angustia un poco que ella no quiera titularse, a raíz de que en su primer intento fracasó y fue ridiculizada delante de los sinodales y su familia. Ahora se rehúsa a reintentarlo; prefiere dedicarse al modelaje y a ser estilista. Creo que una vez más queda claro que a todo padre le gustaría que sus hijos obtengan lo mejor y se realicen en lo que hacen.

Conocí a esta chica precisamente por su papá, quien buscaba que alguien la asesorara para la obtención de su título. Sin embargo, ella no logra concretar avances y está realmente ocupada en las actividades que antes mencioné. Finalmente, su papá dejó de insistirle y volvimos a las pláticas cotidianas sobre los días rutinarios y las cosas triviales, como el actual proceso electoral del estado, que aún es incierto. Entre el PRI y el PAN se discuten los próximos puestos, y es obvio el poder que eso implica.

Son temas banales para nosotros, pero demasiado importantes para dejarlos pasar, pese a que tantos políticos han defraudado nuestra confianza, que no generan más que desilusión al observar cómo se enriquecen sin invertir en la población.

Democracia, una palabra que les ha quedado muy grande. Voto. Sufragio efectivo, no reelección. Es el derecho que no podemos dejar de ejercer, sea quien sea, corruptos o no. No debemos obviarlo ni omitirlo; debemos seguir manifestando nuestro derecho a elegir. Probablemente pasen muchos años más para que México logre liberarse de su propio verdugo: la corrupción. En eso hay que continuar insistiendo con nuestras acciones diarias, en el buen hacer de cada uno. Y sí, respiro. Un respiro más.

Ya de regreso, una vez tomado un tiempo para escribir. Estaba hace unos instantes ordenando la rutina del día y comenzando a atender personas, mejor dicho, niños. Algunos llegan con miedos e inseguridades en la escuela. A veces los padres parecen esperar a que cambiemos al 100 % esa impresión. A pesar de que en algunas ocasiones me dan esa idea, no es así. Por desgracia, si el ambiente en el que viven no propicia ese cambio, difícilmente se verán resultados. Lo más probable es que piensen que «ir con el psicólogo no sirve».

La psicología es una disciplina que también es considerada ciencia de la mente o de la conducta. Las definiciones más simples se enfocan en eso, pero también tiene algo no medible: la subjetividad de la persona que se trata. Tenemos líneas de trabajo y métodos, pero no podemos aplicarlos tal cual con cada paciente. Varían según su personalidad y su subjetividad, e incluso según la del mismo terapeuta. Pero no hay que temer a la subjetividad; al contrario, es lo que hace más interesante esta disciplina y, al mismo tiempo, difícil de llevar por cualquiera.

Las terapias sí funcionan y pueden generar cambios enormes de conducta. Los resultados son visibles, aunque no en todas las personas la psicoterapia es funcional. Hay casos muy avanzados y perdidos en los que no podemos hacer más por la persona. También tenemos que aceptar nuestras limitaciones. Hoy en día existe mayor apertura para tomar psicoterapia. No es tanta como debería, pero ya es un gran avance. Tal vez se necesite atravesar mayores procesos de cambios sociales para que accedamos más al apoyo del psicólogo. Vamos por buen camino; esto apenas empieza.

Cuando estaba en la universidad, recuerdo que se nos imponía ir a proceso psicoterapéutico. Pocos lo hicieron, incluyéndome. Muchos de nosotros ni siquiera imaginábamos lo que de verdad estábamos estudiando. La inconsciencia no nos permitía asimilar lo importante que es para el paciente lo que haces, dices o sientes respecto a su situación.

Años después me doy cuenta, por lo que ahora vivo y observo, que cualquier sugerencia que se haga es tomada como el medicamento indicado: no se refuta, solo se sigue porque «el experto lo dice». Palabras vivas que pueden generar alegría y tranquilidad; palabras duras que acentúan más la tristeza y el dolor; palabras vagas que no dicen nada, pero disminuyen la tensión. En fin, la psicoterapia es eso: un conjunto de palabras guiadas hacia un objetivo específico. Hasta ahora lo entiendo, veinte años después.

La percepción de todos cambia con el transcurso de los años. «Cuando crezcas, vas a entender»; «cuando seas papá, ya verás»; «cuando empieces a trabajar, te darás cuenta de lo que cuesta», se escucha mucho en nuestras familias. Pero lo escuchas sin entenderlo en realidad. Exactamente cuando el tiempo se cumple, tu conciencia lo trae a ti y comprendes aquello que antes no entendías. Por eso muchos tardamos en comprender y mucho más en cambiar.

Yo he tardado en comprender el significado de muchas situaciones que he observado en quienes me rodean. La sensación visceral humana es tan capaz de nublar la conciencia y amargar la existencia que, la mayoría de las veces, no nos permite reconocer lo que es necesario aceptar y trabajar en nosotros mismos.

Los psicólogos no somos la excepción. Se pensaría que somos personas con mayores cualidades y habilidades de comunicación, pero la verdad es que tenemos los mismos problemas habituales: fastidio en el tráfico, impotencia al no ser atendidos con prontitud, enojo porque las cosas no salen bien, desilusión ante malas acciones de otros, etc. Somos casi iguales que los demás, salvo por la diferencia que nos da la educación en el enfoque de nuestras materias y un título profesional para ejercer.

El ser humano debería ser su propio psicólogo por naturaleza. De hecho, lo somos, pues nos damos el permiso de hacer o no hacer lo que queremos, debatimos nuestras decisiones y, finalmente, actuamos. Eso es ser nuestro propio psicólogo. Pero cuando algo nos perturba y no podemos resolverlo por nosotros mismos, es cuando vamos a ver a un psicólogo o, en el peor de los casos, a un psiquiatra.

El tiempo transcurre rápido; al menos estos días ha sido así. Hoy es viernes 3 de junio de 2016, un día de primavera aún. Soleado, con calor agotador pero refrescante por la noche gracias a la brisa que trae consigo tormentas tropicales. A mi gusto, prefiero mucho más el calor que el frío. El calor me incentiva a realizar con mayor eficiencia mis actividades. Además, me gusta porque aligera el asunto del vestir. Lo mejor es que, por las mañanas, no hay ese frío que paraliza el cuerpo y perturba el propio calor emanado de nuestra piel. Hoy todo eso no está: solo un enorme calor que aumenta durante el día, aunque sin llegar a grados extremos.

Mi lista de trabajo es grande. Espero que los casos sean ligeros, algo como ansiedades por cambios de edad o dolores de cabeza. Finalmente, que sean asuntos que no lleven a tanta complejidad. Eso espero, aunque si se demanda atender casos complejos, lo haré con la mejor disposición.

Me emociona el fin de semana porque son los únicos días en los que realmente estoy en casa y puedo poner en orden mis desórdenes hogareños. Entre ellos, atender a Ody, mi pequeño compañero y gran guardián. Es un cachorro *shih tzu*, blanco, con orejas negras y grandes ojos verdes; muy cariñoso, atento, libre, divertido, audaz, ágil… y podría seguir nombrando sus cualidades. Es un enorme compañero, y me encanta estar con él. Supongo, y espero, que a él también.

El fin de semana, relativamente corto para ambos, pasa entre ir a surtir la despensa, alzar la casa, lavar ropa, planchar y, ¡claro!, pasear a Ody. El tiempo se hace corto, pero es muy gratificante estar en casa y dejar de lado el trabajo: consultas continuas, gestiones sociales, pláticas frecuentes con conocidos; lidiar con autoridades difíciles de negociar, afiliados inconformes, injusticias diarias; los sufrimientos emocionales de quienes conozco y estimo. En resumen, a veces es agotador. El hogar es la píldora para redimir ese cansancio y transportarse a un espacio de confort.

Y sí, Ody y yo nos damos a la tarea de apurarnos el fin de semana para poder disfrutarlo juntos. Tenemos pensado salir a los jardines, al parque y hacer todo eso juntos. Le encanta ir en el auto. Al principio no le gustaba porque le generaba miedo el ruido externo y el propio del vehículo. Nuestro auto no es muy grande; es compacto, pequeño, de un color oro y de un modelo no actualizado, pero nos transporta en la medida de lo posible a los trayectos que tenemos que recorrer. Es un buen auto, nos ha apoyado en diluvios y tormentas fuertes y ha soportado muchas inclemencias del clima, pese a no ser un modelo reciente.

El punto es que Ody hoy disfruta sus paseos en auto. Se coloca en la ventana del copiloto y, manteniendo el equilibrio durante el trayecto, observa a los humanos y sus autos. Aún le sorprende el enorme ruido del transporte urbano que pasa junto a nosotros, y me mira como preguntando: «¿Por qué hacen tanto ruido?» o «¿para qué sirven?». Algunas veces se coloca en la parte de abajo del asiento, imaginándose, creo yo, más seguro de todos esos ruidos. Va tranquilo, observándome y, al parecer, escuchando la música pop que llevamos, de la que nos provee mi hermana, quien casi siempre nos actualiza en lo que respecta a los éxitos musicales.

No podía faltar su lonchera. Llevamos la pequeña mochila especial de Ody, con cosas elementales: un minitermo de agua para él, pues por lo general se agobia mucho con el calor; su correa, para colocársela si es necesario que camine algún trayecto; bolsas de plástico y de papel, por si ocurre la urgencia de ir al baño, y un juguete. Algunas veces es necesario hacer una parada para algún pago o visita a alguien, en la que tenemos que quedarnos más tiempo, y su juguete siempre lo distrae y le permite mantenerse ocupado.

Difícilmente, Ody pasa desapercibido, ya que es muy atractivo a los ojos de los demás. Casi siempre, las personas buscan acercársele y tocarle su pelaje blanco lanudo.

Justo este fin de semana es día de elecciones. De veras quiero ir a votar, y lo haré. Nuestro gobierno tricolor no ha sido tan audaz en manejar las necesidades que tenemos como población. Lo que ha hecho es enriquecer a los suyos y dar migajas a la población, que tanta confianza les ha dado. Personalmente, me ha tocado ver esto y darme cuenta de los desplantes y negligencias de autoridades propuestas ahora para volver a gobernar. Sencillamente, no puede ser. La población debe valorar, y todos debemos dar la advertencia de que la corrupción y la impunidad no pueden prevalecer por siempre, y sé que así será.

Por lo que observamos, hubo varios actos de vandalismo en las urnas y, como era de esperarse, los del poder no quieren dejarlo ir fácilmente. Los que aún no lo han tenido están vigilantes de que se les dé el triunfo. Lo cierto es que finalmente los conteos se están dando, y la ventaja empieza a ser certera. El tricolor queda abajo y hay bandera azul en este estado.

Muchos están entusiasmados, por lo que he visto y oído, con la ilusión de que vengan nuevos empleos o nuevos comienzos. Debo decir que igual me entusiasma, no porque yo pueda ganar algo, sino porque es un cambio para todos, y espero que lo sea para la asociación que dirigimos. He encontrado en el camino a personas muy interesantes que pueden ayudar a que crezca. Sin embargo, lo que hace falta es una oportunidad también para ellos. A veces creo que empiezo a adjudicarme el seudónimo de Dra. Corazón, con el que me nombran. Quisiera ayudarlos a todos, pero no es posible; aunque lo intento.

Nuevamente lunes, con las novedades electorales. Es el tema de todo mundo: el cambio de elección en la población, el descalabro de autoridades que creían tener un triunfo total y que han perdido diputaciones, ayuntamientos y la gubernatura. Es un castigo evidente de todos los ciudadanos contra ellos. Ya era tiempo. Un cambio, un cambio, todos buscamos eso siempre. No era posible tolerar más atropellos y los mismos rotando en los mismos puestos políticos.

Hoy nos invade a todos la ilusión. Ojalá la ilusión se cristalice y permita que los ciudadanos vuelvan a creer en lo que ya no veíamos: acciones reales, intención de trabajar a favor de todos, honestidad, sinceridad y política útil, no inútil. En pocas palabras, queremos ver; hoy queremos volver a ver.

De hecho, creo que soñé con el triunfo azul. Imagino que es porque el fin de semana estuvimos bombardeados de noticias electorales y en efecto era lo que ocupaba la atención de todos. Soñaba algo así: estaba caminando tranquilamente y en el camino encontraba al equipo azul con su hoy gobernador electo. Me preguntaban a dónde iba, y yo, obviamente extrañada, decía que a mi trabajo. Me decían que me uniera y los acompañara un instante a la celebración, pero yo, incrédula en el sueño, no comentaba nada, solo asentía y seguía caminando. Luego no recuerdo más porque la alarma comenzó a sonar, indicándome que el tiempo de sueño había terminado y venían las horas de trabajo próximo.

Si Freud analizara mis sueños, creo que encontraría mi fuga psicógena, es decir, mi forma de abstraerme de la realidad combinando hechos actuales. Aun así, me permite salirme de una posible depresión combinada con un trastorno mixto o ansiedad ante la reserva de cambios en mi vida. Esa transcripción psicoanalítica a cualquiera asustaría, y no la descarto, pero prefiero no dar interpretaciones a ese sueño por ahora.

Por cierto, hoy hay algo más importante que las elecciones: el cumpleaños de mi hermana gemela. Otro cumpleaños, y estoy esperando salir de la jornada laboral para poder celebrarlo como a ella le gusta; que pueda abrirse a nuevos caminos, que se sienta feliz, contenta con su vida, y que tenga mucho amor en ella. Lo de Dra. Corazón me sale nato.

Ya tenemos su pastel, un delicioso chocoflán con una vela de esas que hoy en día parecen escupidores y que iluminan con una ráfaga de luz todo el lugar. No podían faltar algunos obsequios para alegrar más el día. Ody también colaboró, dejándole su tarjeta de felicitación con su huella particular. Creo que planea cantar las mañanitas a su estilo. Así que será un muy buen cumpleaños para ella. Lo importante también es que está de vacaciones, puede venir a vernos y celebrar con nosotros este día especial.

Otra jornada laboral terminada, y rápidamente me dirijo a encontrar a mi hermana para llevarla a comer. Ha elegido un restaurante con estilo brasileño, que no es nuevo, pero sí para nosotros. Ofrecen un bufé con espadas de diferentes cortes de carne que auguran ser deliciosos. Y así fue. A decir verdad, la comida y la atención fueron muy agradables. El deleite de sabores entre ensaladas y cortes finos de carne, además de un ambiente familiar, hicieron la experiencia aún mejor.

Pregunté si había algún descuento para la cumpleañera. Aunque no lo había, nos ofrecieron ponerle las mañanitas y obsequiarle un pastel con dos copas, a lo que, ni tarda ni perezosa, dije: «¡Estupendo!». Tres veces le cantaron las mañanitas, y con los detalles mencionados, mi hermana, algo avergonzada, quedó muy contenta y entusiasta. De eso se trata, pues no muchas veces se tienen cumpleaños; lo importante es que el día no pase desapercibido.

Al llegar a casa, continuamos el festejo para que pudiera ver sus obsequios: artículos de vestuario, dos bolsas de mano, un vestido para esta época de calor y una bata de dormir ligera; sin olvidar su globo y su pastel adicional, un *flancake,* que le encanta, con su respectiva vela. Acordamos partir el pastel por la noche y compartirlo antes de que terminara el día. Contemplamos la luminosidad de la vela y quedamos satisfechas con tal espectáculo. El pastel fue una delicia.

Fue un día muy bendecido, no por lo material, sino por la compañía de mi hermana, y de Ody, claro; de una manera confortable y armoniosa. Además, quedamos satisfechas con el bufé. Muchas delicias para un solo día.

Lo dicho: el tiempo pasa tan rápido en los momentos felices que quisiera que durara más tiempo, pero no hay tiempos fuera en esto; el tictac sigue para todos. Y pareciera un sueño la vida: vuelves a despertar sin saber si lo harás o no. Solo empleas tu rutina de recostarte y abrir los ojos. Algunas veces lo haces en el transcurso de la noche y otras, atinadamente, casi a la hora del reloj despertador. Vuelves a levantarte y preparar tu día sin saber qué te deparará exactamente.

Sabes que la rutina está, pero no develas aún lo que sucederá. Es como si estuviéramos todos los días en un sueño bien elaborado, pero que no se esfuma y tiene continuidad todo el tiempo. El día del despertar total probablemente sea la transición que tenemos hacia la muerte. No lo sé, solo imagino y a veces tengo esas ráfagas de lucidez para deducir cosas o intuirlas. Simplemente me pongo, como cualquier ser humano, a reflexionar o filosofar.

Filosofía, una palabra muy profunda y usada tan coloquialmente. ¿Qué es la filosofía? Es una ciencia muy antigua y una disciplina retomada mucho tiempo atrás por los griegos, una cultura que, hemos escuchado, sentó las bases para la ética y la moralidad. Ellos encontraron que ese término era mucho más importante en la vida del ser humano, no solo para darle un espacio, sino porque era el centro de la forma de vivir de cada uno de nosotros. Y lo encontramos en sus raíces etimológicas.

En la cotidianidad, la filosofía está implícita en nuestros actos, pero olvidada por muchos. Hacemos las cosas por hacerlas: si hay que llevar un documento, se lleva; si hay que atender pacientes, se atienden; si necesitas pasarte un alto, lo haces. Pero, ¿qué tiene que ver con esto? Muy sencillo: hagamos las cosas con filosofía. Develamos la razón de hacer las cosas, donde debatimos por qué lo hago y para qué. Ello nos llevará a un motivo que tendrá para nosotros una moral basada en la propia ética: lo bueno y lo malo, lo que debo hacer y lo que no debo hacer.

Muchos de nosotros no nos damos cuenta y nuestras acciones no tienen ya moralidad. No importa si es bueno o malo, siempre y cuando resarza mi necesidad. Y es cierto: la evolución de la sociedad se pierde por esa falta de moralidad y nos confundimos en un libertinaje sin razón de ser.

La filosofía del ser humano es una sola, dividida en varias o particulares, única para todos: el bienestar humano. Todos buscamos el bienestar, solo que no sumamos bienestares para lograr esta filosofía, sino destruir con tal de obtener lo que a mí me conviene. Caemos en un egoísmo y cometemos tantos errores impensables con el prójimo y con nosotros mismos que, cuando volteamos a ver lo que hemos hecho, el arrepentimiento nos carcome y busca castigarnos.

Son muchos los pacientes que vienen con ese dilema. Pero, ¿quién soy yo para juzgar y señalarlos? En realidad, no soy nadie para hacerlo, ni siquiera para merecer la confianza de develar los profundos secretos que han gangrenado su vida. No obstante, es mi función escucharlos y guiarlos en su tranquilidad de conciencia. Aun así, ¿quién soy yo?

La semana continúa avanzando en rutina y en eventos cotidianos. No ha sido hasta ahora una mala semana; al contrario, ha estado muy confortable en estos días. Entre las novedades externas está que el proceso electoral ha terminado, haciendo triunfante a la oposición. Ha sido totalmente inesperado para el partido que prácticamente tuvo 80 años en el poder, que parecía tener otro triunfo asegurado y la población decidió lo contrario. Una muestra clara de que los ciudadanos no somos tontos, sabemos bien darnos cuenta de lo que nos conviene... y ya no.

Ese proceso sigue, y es de lo que más se habla en estos días. Probablemente, de aquí a septiembre, que es la toma oficial de poderes, sean temas de moda y muy sonados. Ojalá ganemos todos y se esfuerce más la contraparte de este partido por demostrar que en efecto intentará hacer cambios en todo lo que ha sido viciado en las instituciones o en los enriquecimientos evidentes de muchos que hoy han sido destituidos.

Las revoluciones surgen no por derramamientos de sangre, sino por el abuso de muchos que engañan, obtienen poder, preservan sus grupos y aumentan los beneficios para unos cuantos. Nuestra revolución no es de enfrentamientos, sino de confrontaciones, de ahora en adelante, ante aquellos que no sirven a la población, y por el contrario abusan de ella. Si queremos nuevos cambios, necesitamos determinaciones originadas en nuevas ideologías en cada uno de nosotros. Pero ¿cómo darnos nuevas ideologías si la salud emocional sigue estando estancada en muchos aspectos de su atención?

La sociedad mexicana ha sido objeto de muchas sumisiones desde tiempo atrás, en su historia y evolución. Nuestra personalidad y formas de acción han sido habituadas a la dependencia y, en algunos casos, al dominio del más fuerte. Hemos sido invadidos por la apatía o el desinterés de querer cambiar lo que observamos, debido a que muchos intentos no han progresado y han sido callados por corrupción o modalidades de criminalidad evidente. Producto de esto, las autoridades han hecho buen trabajo para lo que les ha convenido. ¿Para qué invertir en la salud emocional si podemos tener a la población en dependencia de nosotros y sin iniciativa? Mejor tenerlos así a tener un pueblo despierto y con hambre de mejoras.

Algo de ello hay detrás de toda esta política incierta y mal manejada. Por eso, incluso a mí me han dicho: «Dra., deje eso, la salud emocional no deja, y mucho menos es tema que le interese a la política ni se quiera invertir en ella». No han sido una ni dos las veces que me lo han dicho ante mi insistencia de que se nos apoye en el proceso de intervención comunitaria que quiero que se siga llevando a cabo en el corte emocional.

Relativamente, estamos llevando a cabo modalidades nuevas, intentos de reivindicar la salud mental en el estado y a nivel nacional. La salud mental está deficiente en todos los niveles. No justifico a mi país, pero es un problema mundial. Es muy poca la inversión que le damos a esta atención de salud, pero en países como el nuestro es casi nula su práctica y mucho menos las opciones para laborar en ello.

El año pasado y el actual, el incremento de suicidios se ha mostrado en evolución continua, pero son cifras ocultas y calladas en esta administración, y los conatos de violencia en la sociedad cada vez aumentan más. Ahí tenemos a nuestro país hermano, los Estados Unidos, con una epidemia de conatos de violencia donde se desfasa una personalidad y acribilla a los de su alrededor sin motivos aparentes, más que los de su propia locura.

¿Cuánto más tendremos que ver para sumarnos a dar importancia a la atención de la salud emocional o mental? Desafortunadamente, muchos de nosotros aprendemos cuando somos víctimas de lo indefendible. Y es cuando enfatizamos en que se haga algo y buscamos sumar esfuerzos. Mientras todos nos unimos a eso, necesitamos insistir. Es un tema importante y relevante, para la inversión en su momento, que hará que muchos más nos demos cuenta y hagamos conciencia del cambio en nuestra mentalidad, necesario para que el ser humano cambie drásticamente y trabaje sus deficiencias neuropsicológicas; sin olvidar el precepto de preservar la vida con calidad, no por sobrevivencia animal.

Y comenzamos el fin de semana. Hay mucha novedad, una vez más, con lo electoral y los futuros nuevos equipos de trabajo de las autoridades. Como habíamos comentado, eso dará mucho de qué hablar; pero ¿qué les parece si nos enfocamos, al menos en esta hoja, en lo que se lleva a cabo en mi trabajo diario?

Ayer me quedé pensando en algo que aún hoy medito. Tuve la consulta espontánea de una mamá y su hijo adolescente (14 años). En algún momento los recibí, pues no eran mis pacientes, sino de otra psicóloga. Llegaron a mí buscándola a ella. De ese entonces, recuerdo a grandes rasgos que la inquietud de la madre era qué hacer con su hijo, pues tiempo atrás había sido objeto de tocamientos dentro de la misma familia: un hermano. A raíz de aquello, entre ellos existían tocamientos homosexuales.

Lo recuerdo porque hay casos que, por la disfuncionalidad familiar existente, impactan más que otros y se quedan más grabados. Para agregar otro factor de perversión, la madre aún se bañaba con ellos, y ella lo relataba de un modo muy normal. El asunto era qué hacer, porque empezaban a besarla de una manera más violenta, a mordidas, y ella no sabía cómo detener eso.

Supongo que, al leer las líneas anteriores, se han quedado tan atónitos como yo me quedé. Primero me preguntaba si había ido antes con otro psicólogo y qué había hecho este. En segundo lugar, ¿qué clase de familia estaban formando? Tercero, ¿cómo es posible que la madre no se dé cuenta de los límites? Cuarto, ¿cómo pretendía frenar esas situaciones si ella misma las propiciaba? Quinto, ¿quién soy yo para juzgar?

La madre acusaba a su hijo de esa mala conducta y de su actitud hacia ella, pues le contestaba de manera grosera y no le hacía caso como antes. Y el hijo adolescente la refutaba, diciéndole que no era cierto, y que mejor los dos se calmaran para no ofenderse. Ella no lo entendía, seguía diciéndole lo mismo y eso a él lo enfadaba. La madre no contestaba, solo quedaba en silencio.

El adolescente en cuestión, dentro de los lineamientos de su familia, actúa de acuerdo con lo que ha aprendido. La madre no es paciente o tolerante, y mucho menos tiene límites ella misma. Entonces, ¿por qué esperar que su hijo los tenga y sea considerado con ella? A veces los padres cerramos tan fuerte los ojos que no queremos abrirlos a lo que nuestros hijos realmente son; preferimos llevarlos al psicólogo para que sea él quien los arregle. No digo que sea una mala idea, pero no es la solución real.

Se me ocurrió negociar con ellos una cita en la que el adolescente pudiera tener interés en regresar. Si accedían, revisaríamos lo que sucede tanto con la madre como con el hijo, y así veríamos qué podríamos cambiar. Dejé bien claro que la psicoterapia no es magia, sino un tratamiento que, como paso previo para llevarlo adelante, requiere el deseo y la intención de cambiar. Si eso no existe, ni siquiera tiene caso iniciar el proceso.

Así que me enfoqué primero en concienciarlos y, en segundo lugar, en pedir las valoraciones médicas pertinentes para revisar cualquier situación relacionada. La madre me comentó que existía en él un diagnóstico de hiperactividad, con medicamentos asignados desde tiempo atrás, pero que ellos los habían retirado. Casi siempre nuestros pacientes ocultan mucha información y solo mencionan lo que les conviene. Por ello, es mejor optar por revisar todo de nuevo para tener un mejor panorama del caso y de lo que podemos o no trabajar.

La madre no se fue muy contenta, pues quería que en ese preciso momento yo le diera la terapia que ella esperaba. Pero la psicoterapia no es complacencia para nadie. Por ese motivo, para algunos no somos buenos psicólogos porque no hacemos lo que quieren; para otros somos sus ángeles.

Un ejemplo de ello es otro de mis casos. Hace unos meses vino una muchacha de unos 27 años, con trabajo y escolaridad universitaria establecida, pero con un desorden familiar que, hasta la fecha, creo que persiste. Llegó medicada y con una enorme depresión, pues soportaba el peso de todo el caos familiar: un hermano en proceso de reclusión o cárcel; hermanos peleándose por propiedades; un padre apático y desinteresado en poner orden, y una madre que solo lloraba al ver el conflicto entre sus hijos.

La joven buscaba solucionar todo, olvidándose de su propia vida. A esto se sumaba la incomodidad que sentía con su papá, quien la observaba con intenciones de verla desnuda, dejándola confundida y sin saber qué hacer. Y más problemas traía encima, que aún los tiene. No quiero decir que ya no los tenga, pero siguió viniendo a su proceso de psicoterapia.

El primer punto fue combatir la depresión. Debemos recordar que la depresión es una enfermedad que puede ser endógena o exógena; es decir, internamente establecida o provocada por factores externos o circunstancias que generan mucho sufrimiento y se instalan en nosotros. Una vez identificado esto, ahora sí es necesario trabajar, trabajar y trabajar. A veces los planes psicoterapéuticos deben estar preparados para lo impredecible o para lo que no se espera que pudiera suceder durante el transcurso de la psicoterapia.

La depresión, en este caso, era como una herencia familiar. Sigue siéndolo, de hecho, solo que ahora es «flotante». Intentaré explicarme: cuando tienes algo que te gusta mucho, como una prenda de ropa, digamos una playera favorita; primero, para que sea favorita necesita cumplir con ciertos factores. Puede ser el color, el estilo; por cómo te queda o porque te la regaló alguien importante para ti y te hizo pasar un gran momento. Así se convierte en preferida.

Ahora bien, luces esa playera todas las veces que quieras, pero inevitablemente alguna vez se ensuciará, y probablemente llegue a tener alguna mancha difícil. En ese transcurso será necesario lavarla nuevamente para poder usarla. Ese proceso es similar al de la depresión, y esa misma limpieza es la que debemos hacer.

He visto muchas personas deprimidas durante todo este tiempo que llevo de experiencia profesional. Tengo aproximadamente 22 años estudiando la conducta y las afecciones mentales. La depresión es como un «chicle» en estos pacientes, o como esa playera favorita sucia. Lo interesante es saber qué podemos hacer y cómo hacerlo. El deprimido ya está habituado al sufrimiento; está conforme con sus medicamentos, pero el dolor sigue acrecentándose y continúa buscando algo que lo alivie.

Hay casos desafortunados en los que no podemos limpiar totalmente esa playera favorita, y debemos remitirnos a lo que podamos lograr. Pero hay otros en los que podemos limpiarla por completo. Como diría Freud: lo inconsciente hay que trabajarlo para hacerlo consciente. La consciencia es lo único que puede guiarnos para soportar y remediar nuestras deficiencias mentales, además de pedir ayuda para suplir nuestros faltantes personales y estructurales de la personalidad.

Ahora es entendible que, para algunos de ellos, seamos «ángeles». El ángel es una figura mística con cierto don de protección y guía para el ser humano, y eso es lo que ellos perciben: una guía y dirección. Más que un elogio, es su forma de expresar que han recobrado la dirección en sus vidas.

Eso me dijeron: «Dra., es usted un ángel». Nunca he creído que lo sea. Me gustaría serlo por las cualidades que les atribuyen, y que seguramente poseen. Sin embargo, mi trabajo es terrenal, y no busco que me elogien. Me apasiona tanto mi trabajo que es muy probable que logre algo diferente en cada paciente. Lo cierto es que recibir ese estímulo alienta a cualquiera a pensar que está haciendo las cosas bien, que está causando una armonía tan grande que resulta bien recibida por otros. Espero que esa paciente sea su propio ángel durante toda su vida y siga recobrando fuerzas para poder seguir limpiando su «playera favorita».

Todos necesitamos alguna vez ese tipo de apoyo, y, sin darle un nombre propio, lo encontramos en casa, con la familia, amigos, compañeros de trabajo, extraños, sacerdotes, pastores, consejeros, etc. El simple hecho de compartir lo sucedido, en algún momento realiza un proceso de limpieza emocional para cualquiera de nosotros. Lo diferente es que, a menudo, se trata solo de una descarga momentánea sin una dirección real de cambio. Eso es lo que hace que el psicólogo exista y sea necesario: para guiar ese proceso.

La sabiduría popular no solo radica en los dichos, sino en el concepto que se les da a través de experiencias que han sido constantes en sus resultados. Pues bien, esta sabiduría nos ayuda a utilizarla como un conocimiento personal o como intuición, y dentro del sistema de la personalidad la intuición es esencial; es un despertar de la conciencia básica que accede a un segundo nível.

En otras palabras, la conciencia básica radica en percibir sensaciones momentáneas —por ejemplo, «tengo hambre» o «tengo sed»—; y procesarlas a un segundo nivel consiste en ubicar la sensación y complementarla con la forma de satisfacerla. Por eso esta disciplina ha adquirido su nombre: «psicoterapia». Más adelante lo explicaré mejor; mientras tanto, vayan imaginando el porqué.

Dentro de la sabiduría que tenemos como bagaje humano existe la Biblia. Me quedo impresionada cada vez que escucho los relatos que en ella están descritos, por la inmensa sabiduría con la que enseñan a través de pasajes o parábolas. Ellos procesan nuestra línea cerebral, llevándonos a un segundo nivel de conciencia y dejándonos en un tercer nivel: el de la acción del cambio.

Es un libro que jamás podrá ser sustituido por tratados científicos. No dudo que estos son producto de una recolección o investigación minuciosa y bien articulada, pero la Biblia es palabra viva. No tiene caducidad, está siempre vigente. Lo impresionante de este libro es que siempre marca actualidad. Los hechos que relata son tan humanos y frecuentes, ayer y hoy, que no hay pretexto para no entenderlos. Su forma de llevarnos a la conciencia siempre me ha maravillado.

No era aficionada a la Biblia hasta que empecé a cambiar mi forma de vida. La edad o las lecciones de la vida nos hacen cambiar y trascender en nuestra personalidad. Mi conciencia ha ido adquiriendo más rubros de trabajo, buscando mayor comprensión, y ahora integra un punto de vista más amplio. Eso se llama madurez. En ese nivel, la lectura nos evidencia verdades totales que podemos incorporar a cada uno de nosotros.

Mi hermana fue quien un día me convenció de acompañarla a lo que comúnmente llama misa. Ese día pude escuchar con real atención el relato. Empecé a imaginar lo que probablemente sucedió, como si fuera una escena vista en televisión, pero con todos los efectos referidos. A esto me transportó:

Ciertamente, Jesús de Nazaret predicaba por toda Galilea, y los del sanedrín buscaban incriminarlo en blasfemias; solo esperaban la oportunidad para hacerlo. Un día, la multitud venía alborotada y gritando que se haría justicia según la Ley; traían a una mujer adúltera, cuya pena era morir lapidada. La llevaron ante Jesús.

—¿Qué dices tú? —le preguntaron al Maestro.

En silencio, Jesús se acercó a la mujer, quien, entre las lágrimas y el temor, permanecía atenta a él. El Maestro escribió en el suelo y se levantó.

—El que esté libre de pecado, que arroje la primera piedra —conminó.

Ante esta aseveración, todos quedaron atónitos, y la multitud, incluido el acusador principal, terminó huyendo. Al quedar solos, Jesús se acercó a ella.

—¿Dónde están quienes te persiguen? —le preguntó.

—Tus pecados te son perdonados —añadió—. Vete y no peques más.

La mujer, incrédula ante lo ocurrido, rompió en llanto.

· · ·

Algo así se relata en ese pasaje. No recuerdo las palabras exactas de la Biblia, pero están escritas de manera similar en ella. Lo que aquí relato fue procesado por mi conciencia, mi aprendizaje interno. Es enormemente elemental en su forma y profundo al mismo tiempo. Empecemos por la ley.

Hoy, ¿cuántas veces la ley nos persigue a cada uno de nosotros? Por ejemplo: no debes divorciarte, no debes quedarte solo, no debes romper las reglas, no debes sentir. Y cuántas veces se nos emite una pena: decides divorciarte y eres mal visto por tu familia o la sociedad; eres homosexual y estás etiquetado como un engendro social; eliges tu forma de vida y te llaman malagradecido.

¿Y quién nos juzga? Otro igual a nosotros, con «pecados». Pecados que no son más que debilidades: nuestras imperfecciones humanas, nuestros vicios, nuestra soberbia, orgullo, vanidad, egoísmo, odio, venganza, y un largo etcétera. ¿Cuántas veces salimos corriendo como aquella mujer, hasta que algo o alguien nos da la oportunidad de ser mejores? Ahora ven la sabiduría que está plasmada en este libro. Y este es solo un ejemplo, una de tantas hojas vivas que contiene.

¿Cuántos años han pasado, y la Biblia ha estado ahí sin ser realmente leída, mientras seguimos nuestra propia «ley»? Si los humanos en verdad la entendiéramos, quizá desde hace mucho tendríamos otro mundo.

Ayer surgió la noticia desafortunada de la matanza de aproximadamente 100 personas en un club gay de Orlando, Florida (EUA), perpetrada por un musulmán. Ese acto, una vez más, aterrorizó al mundo. El agresor se quitó la vida después de cometer tan vengativo y desastroso acto. Llanto, conmoción e impotencia es lo que pudimos observar en las imágenes captadas, y escuchar en las grabaciones de quienes lograron contactar a su familia.

Asusta lo impredecibles e impensables que pueden ser los actos que llega a tramar la maldad humana; la crueldad movida por el odio total, el deseo de poder y de respeto autoimpuesto. Mientras tanto, otros simplemente buscan estar en la vida en la forma que les toca. Los humanos aún no hemos descifrado la fórmula para detener todo esto.

Volviendo a la Biblia, el Maestro Jesús dijo: «Amad los unos a los otros, como yo os he amado», algo que debería prevalecer en todos. Este nuevo mandamiento es muy cierto. El amor entre los humanos es el único antídoto contra el mal. Solo que aún estamos faltos de amor y fe.

Recapitulemos la fecha de hoy, 14 de junio de 2016. El planeta Tierra lleva 2016 años vigentes, según la cuenta inicial a raíz del sorprendente hecho de la venida del Maestro Jesús de Nazaret. Históricamente, a partir de ahí contabilizamos la evolución de culturas y una línea más clara en la formulación de los imperios actuales y los avances científicos. Los seres humanos desarrollamos nuevas técnicas a raíz de las necesidades humanas emergentes. Nuestra raza es lenta para entender y crear cosas nuevas, pero rápida para destruir.

Han pasado 2016 años y seguimos padeciendo terror, sufrimiento, hambruna, enfermedades, guerras. Sin embargo, como contraparte, también existen actos de bondad: asociaciones en contra de enfermedades, a favor de la paz mundial y el cuidado del planeta; grupos que realizan acciones altruistas, que dan la vida por otros en diferentes circunstancias; personas que buscan la igualdad para todos, forman familias, aman su trabajo, dan aliento al más desesperado y sostienen al que sufre.

En fin, el ser humano realiza enormes actos de bondad. A pesar de esto, parece estar establecido que el hombre debe padecer y sufrir para cumplir con lo estipulado, quizá como parte de una renovación o un cambio real en nosotros.

Muchos de los casos que llegan a mis manos son producto de la forma de vida que hemos llevado y de la crianza de nuestros padres: niños tristes y deseosos de ser atendidos o tomados en cuenta; niños enojados, violentados, atemorizados, vengativos y niños con maldad innata. En definitiva, nada se ha gestado por sí solo; todo ha sido obra de nuestra propia humanidad.

El psicólogo se ha hecho famoso porque creen que va a arreglar todo eso que está roto en cada niño y adulto, pero esa es una gran mentira. No somos arquitectos que reconstruyen una personalidad lastimada. Nuestra labor es buscar que no se siga dañando lo que ya está creado en esa personalidad. Los padres llegan con muchísimos deseos de que sus hijos sean «arreglados», por así decirlo; para que puedan ser modelos y hagan lo que ellos quieren.

Ser padre no es fácil. Ninguno de nosotros sabe la receta exacta para ello. Nos guía el amor incondicional por los hijos; eso es lo único certero que tenemos, aunado a la línea del bien o la bondad que queremos que ellos sigan. Solo que el camino es complejo para transmitirlo.

El antídoto está en los padres, no en el psicólogo. La familia es la vitalidad o la crueldad del hijo; es la que, en el futuro, procreará el mismo círculo instruido en ese momento. Sería más fácil que desde niños se nos enseñara a ser mejores hombres y mujeres, y que, al llegar a adultos, pudiéramos ser en efecto humanos de bien.

¿Cuántos padres de familia he visto acusar a sus hijos por las malas acciones que cometen? ¿A cuántos de ellos, sin saberlo o sabiéndolo, les han enseñado esas conductas en sus hogares? ¿Cómo puedo pretender tener en casa el producto de buenas acciones o hijos buenos, si yo mismo no he podido cambiar? Suena aberrante creer que el psicólogo va a generar la reparación total de aquel que es señalado como «el enfermo». Otros vienen buscando un amigo o confidente.

La vida es relativamente rápida para todos, pero en ese trayecto nos suceden muchas cosas inesperadas que alteran el rumbo de nuestra forma de pensar y actuar. Somos tantos humanos a la vez que no deberíamos sentirnos solos; la soledad no debería existir para ninguno de nosotros. Y he aquí los enormes trastornos de ánimo, entre ellos la famosa depresión.

Hemos encontrado la manera de mitigar nuestras soledades o depresiones ocupándonos en algo. La mente ocupada es mejor consejera que aquella desocupada, que piensa y piensa, y sigue pensando por lo general en lo que ya no tiene solución o en aquello que podría resolverse, pero de una manera muy fuera de nuestro alcance. Sin lugar a dudas, con psicólogo o sin él, hemos evolucionado y formado la familia humana.

Generamos en el tiempo lo que vemos que vamos necesitando como seres humanos; por ejemplo, una escoba, un martillo, una lámpara; artículos más sofisticados, como la computadora, el celular, internet, redes sociales; y otros más tangibles, como un amigo, un esposo(a), un hijo, una mascota. También están los artículos materiales de la sociedad de consumo: zapatos, ropa, comida, etc.

Pero hay algo que no se logra con nada de eso y que, como diría Viktor Frankl, deja un vacío existencial. Teniendo todo eso, ¿por qué las personas aún no logran ser felices? ¿Por qué siguen estando carentes de la felicidad total o plena?

Frankl, en sus libros, siempre ha señalado la angustia inherente al hecho de vivir, una preocupación latente en nosotros por carecer de algo real que sea la razón primordial de nuestra existencia en este mundo. Esta inquietud se origina en nuestra área cortical, se refleja en el sistema límbico y nos lleva a una fase de la existencia en la que no encontramos el sentido de estar aquí, sin importar nuestra edad.

¿Tú sabes por qué estás aquí? Yo me lo he preguntado muchas veces. Años atrás, lo hacía con frecuencia, sobre todo cuando estudiaba psicología. No visualizaba por qué había elegido esa carrera ni de dónde surgió la inquietud de llevar a cabo esa formación. Claro que me gustaba la idea, pero había momentos en que escuchaba lo que los demás decían respecto a ello: que era una carrera poco remunerada, que no valía la pena o que sería mejor estudiar medicina; que no tenía caso estudiar una licenciatura así porque cualquiera podía ser psicólogo y dar consejos.

En fin, tuve momentos de duda y angustia. Me preguntaba si mi elección era la correcta y si en realidad era mi razón de ser o de estar en este mundo. Con el tiempo, muchos compañeros desertaron. Recuerdo que al inicio éramos tres grupos de unos 48 alumnos cada uno, pero al final nos fusionamos en uno de 20. De esos, la mitad logró titularse. Hasta la fecha, seguimos siendo ese número quienes terminamos.

Creo que este proceso fue una especie de depuración personal. La incertidumbre nos lleva a tomar decisiones, y solo el tiempo nos da la respuesta. Hoy, 22 años después, puedo decir que fue la mejor elección que hice. Es cierto que no es una carrera altamente remunerada, pero me da lo indispensable para vivir y me apasiona. Creo que no podría haber elegido algo mejor para mí. Sin duda, le ha dado sentido a mi existencia social y, también, a mi existencia personal. Me ha permitido sentirme útil y saber que nací para algo que de verdad me pertenece, que está insertado en mis propias habilidades, educadas y desarrolladas para llevar a cabo esta tarea.

Así será para cada uno de ustedes. El tiempo nos dará la razón de por qué estamos aquí, pero hay que continuar trabajando en encontrar la respuesta. La única manera de lograrlo es seguir día a día construyendo lo que tenemos que hacer, basándonos en lo que podemos y tenemos al alcance. Con el tiempo, las mismas circunstancias nos irán acercando a la respuesta, ya sea mediante los signos o situaciones que confrontemos, y que seguramente nos hagan sentir bien o no, pero que nos indicarán si estamos en el camino adecuado.

Si no fuese así, siempre hay tiempo para cambiar. Ahí está el secreto: cambiar a tiempo cuando nos damos cuenta de que lo que estamos haciendo no nos provoca tranquilidad ni nos motiva a seguir.

Sin embargo, la actualidad nos genera confusión. Cada día, vemos actos más demostrativos de ello, incluyendo eventos brutales de violencia o abusos contra nosotros mismos. Desafortunadamente, hoy sabemos de más casos de secuestros, matanzas, terrorismo, corrupción y sistemas de justicia penal ineficientes y corruptos. Todo esto genera impotencia e indignación.

Los medios de comunicación y las redes sociales nos hacen conocer estas realidades, convirtiéndose en voces que promueven el anhelo de justicia y límites a toda esta maldad perpetrada por otros seres humanos. Esos individuos han encontrado su sentido de vida en sobrepasar las líneas de respeto hacia la vida humana. Han consignado su éxito en cuentas bancarias o en el poder que les otorga el temor que infunden en los demás. Sus vidas están basadas en la locura desmedida de sostener su razón de ser a costa de la vida de los otros.

Miedo debería darnos a todos las monstruosidades que somos capaces de generar los seres humanos contra otros y los actos que podemos ejercer, provocando una devastación humana y daños irreparables a nuestro planeta Tierra. Tristeza, seguramente, ya está inmersa en nosotros ante la sensibilidad que produce tanto dolor y sufrimiento humano, que además hemos extendido sin medida por todo el mundo. ¿Cuántos siguen llorando a los caídos, a los que ya no están, a aquellos que aún permanecen en hospitales o a quienes les arrebataron el tiempo de estar? ¿Cuánto recelo existe por no encontrar la justicia deseada? ¿Cuántas injusticias vivimos, una y otra vez?

Todos estos son actos verdaderos, no ficción ni novelas; son reales. Existen y siguen siendo cuna de mal. Pero no todo está perdido, ni nunca lo ha estado. Somos seres duales, capaces de bondad y maldad. Y precisamente por esa dualidad podemos combatir lo que está dentro de nosotros. Solo necesitamos seguir siendo sensibles para detectar lo que no está bien y corregirlo.

Todos deseamos paz, armonía, felicidad y estabilidad. Quisiéramos solo pensarlo y que sucediera, pero lo cierto es que nada es tan mágico como la misma acción de construir y llevar a cabo esos deseos. Pongamos un ejemplo simple: quiero un lápiz nuevo. Pensar en querer un lápiz nuevo es el primer paso para lograrlo. Tal vez lo busco porque el que tengo ya es muy pequeño, porque se terminó o porque simplemente quiero otro que me llame la atención. Esa idea ya está dentro de mí, lo que me permitirá investigar cómo lograrlo.

El siguiente paso es preguntarme: ¿cómo puedo obtener mi lápiz? Aquí comienza mi fase de investigación. Indago cuánto cuesta, dónde puedo conseguirlo y cuándo lo compraré. Una vez que resuelva estas preguntas en mi mente y establezca un tiempo preciso para hacerlo, pasaré al último paso: la ejecución. En esta etapa, llevo mi idea a la realidad, consumo mi necesidad y cierro ese asunto pendiente. Diría la Gestalt: una Gestalt resuelta.

Laura Perls definió una Gestalt como un todo que se abre y se cierra en cada ser humano. De hecho, el planeta Tierra es una Gestalt vista desde el universo. En el ser humano, nuestras necesidades son Gestalt que abren y cierran dependiendo de nuestra evolución personal. Por ejemplo, un bebé utiliza el llanto para expresar que necesita algo. Un niño, en cambio, aprende a hablar para comunicar sus necesidades directamente, sin necesidad de interpretación. Un adulto dialoga de manera reflexiva para obtener permiso o aceptación de los demás.

¿Lo ven? Vamos evolucionando, y esa evolución nos lleva a la creación de nuevas Gestalt.

Pero volvamos a lo que hemos estado escribiendo: todos buscamos resolver nuestras Gestalt o necesidades, y nuestra tendencia estará medida por nuestras acciones, basadas en la evolución de nuestra conciencia. Aquí es donde entra la disciplina de la Psicología. Necesitamos trabajar mentalidades y hacer que nuestras ideas evolucionen hacia una tendencia de bondad para todos.

¿Cuántos traumas tendremos que erradicar para depurar la maldad en nosotros? Probablemente, muchos años más nos enfrentaremos a actos cruentos. Pero estos no son más que el reflejo de que, entre más nos acerquemos a la bondad, más nos atacará su contrario, recordándonos que siempre estará al acecho. La lucha continuará debido a la polaridad inherente a nuestra naturaleza.

Cuando llegue el momento, seguramente marcaremos el fin de los tiempos de evolución humana. No como lo mencionan las profecías, sino como un destino construido por nosotros mismos.

A veces me detengo a observar mi mundo, como si pudiera salir de mí misma y mirar desde afuera. Veo dónde estoy, a quienes me rodean, y noto cosas que antes no percibía. Detalles simples que suelen pasar desapercibidos. Por ejemplo, si estás en un lugar concurrido esperando algo —un autobús, la llegada de alguien, o estás en un café o cine—, te darás cuenta primero de lo más básico: todos los que están ahí tienen un objetivo común en ese momento, que es estar presentes.

Segundo, el tiempo avanza mientras cada uno permanece inmerso en su propio mundo, aunque todos compartan el mismo lugar. Tercero, algunos están en su mundo de ideas y otros en su mundo virtual. Cuarto, cuando alguien logra antes que otros lo que estaba esperando, se observa una emoción, positiva o negativa. No importa cuál sea, simplemente existe la emoción.

Quinto, los demás, al percatarse de esto, buscan apresurar su propio momento. En este punto no solo hay emociones, sino también empieza a aparecer la impaciencia. El tic-tac del reloj genera estrés y frustración en muchos. Sexto, algunos persisten en su espera, mientras que otros la abandonan.

Estas simples situaciones reflejan cómo actuaremos en los momentos más complicados de nuestra vida. Si manejáramos lo sencillo de mejor manera, tal vez no perderíamos la motivación para persistir en lo que queremos ni repetiríamos los mismos errores una y otra vez.

Es difícil trabajar en ello por nuestra cuenta. Si no estuviera formada en este campo, ni siquiera me percataría de lo que aquí comparto. Es más complicado de lo que parece desarrollar una conciencia alerta ante las situaciones de nuestra vida.

Generalmente aprendemos por ensayo y error. Por ejemplo, repruebas un examen porque no estudiaste o no entendiste el material. Entonces, apruebas después de modificar aquello que te causó el problema. Pero antes de eso, no existe la conciencia ni la intención de no reprobar; lo haces por una modalidad grupal repetitiva. Ese es el automatismo que manejamos en nosotros. Una vez más, lo hacemos porque «hay que hacerlo», pero sin la conciencia despierta de saber por qué lo hacemos o cuál es el fin.

Creo también que, si tuviéramos esa conciencia integrada, en primera instancia me quedaría sin trabajo. Hablando en serio, sería difícil que el ser humano compaginara con otro. Tomemos como ejemplo más cercano la formación de una familia. Tradicionalmente, conocíamos la familia como la unión de un hombre y una mujer. Ahora existen proclamaciones de homosexualidad que también buscan forjarla, pero aún resulta escandaloso para muchos insertar ese tema como algo natural y adecuado. Habrá que debatir mucho para que todos podamos ocupar el lugar que deseamos, pero ese será motivo de otro libro más adelante.

Mientras tanto, centrémonos en entender lo más simple: los noviazgos. Hoy comienzan desde edades muy tempranas, 12 o 13 años, o incluso antes. La conformación de estas relaciones nace de una atracción que no toma en cuenta lo que pensamos o queremos. Existe una atracción fisiológica y mutua. Nos unimos por el gusto, sin importar si el otro es «feo» o «feo», porque algo de esa persona nos atrae. Esto genera el vínculo de deseo y sensaciones, que se manifiestan en un beso o caricias: la necesidad innata del ser humano de ser amado.

Aquí, ese deseo innato de buscar a otro, partiendo desde una base orgánica, es automático. Surge de nuestro origen animal y dejamos de lado lo racional. Pero, ¿realmente usamos lo racional para elegir una pareja o para construir una familia? Imagino los casos que llegan: problemas conyugales, separaciones, infidelidades, divorcios, familias reconstituidas. En todos ellos, la unión inicial fue por una cuestión irracional, sin análisis ni conciencia del «por qué» y el «para qué» de esa elección.

Muchos buscan llenar el famoso vacío existencial que mencionábamos antes, la necesidad de sentirse amado por otro. Esto, por un lado, ha permitido la procreación de muchos de nosotros, ha poblado el mundo y generado diversidad. Pero si todos tuviéramos conciencia integrada y tomáramos decisiones consensuadas y racionales, probablemente alienaríamos algo magnífico del ser humano: su espontaneidad, su genuinidad, su imprevisibilidad. Aunque el mundo pudiera volverse más inocuo, el ser humano fue creado para llegar por sí mismo a ese punto, y ahí está nuestra tarea: descubrir ese *statu quo*.

Espero no aburrirles con todo esto, pero es tan sorprendente lo que somos y cómo somos.

Lo importante en nosotros, los seres humanos, es crear esperanza, ilusiones y fantasías que generen entusiasmo para que sucedan. Es vital albergar esperanza. ¿Cuántos de nosotros buscamos algo nuevo o mejor para nuestra vida y caminamos todos los días emprendiendo esa búsqueda? Y aquellos que pierden la esperanza son los que más encuentro en el consultorio.

Pensar que algo bueno puede sucedernos, que algo mejor vendrá, puede cambiar enormemente nuestro estado de ánimo. Por otro lado, pensar lo contrario nos lleva a la decadencia y la ofuscación. Tengo buenos compañeros de trabajo; la mayoría alberga esperanza, y he notado que son más cercanos al área espiritual. Me agrada escucharlos compartir algún pasaje bíblico, diciendo que «el que se acerca a Dios no tiene por qué temer ni pensar que no hay esperanza».

Estas palabras me alivian y me hacen ver que, a través de ello, buscan llenar ese vacío que todos albergamos con esperanza. La esperanza es algo intangible; no podemos ubicarla exactamente en una parte de nuestro organismo ni de manera externa. Es tan subjetiva que cada uno de nosotros la interpreta según sus experiencias y motivaciones personales.

De hecho, todos los que trabajamos en el medio clínico albergamos esperanza: la esperanza de que el paciente se curará o que algún alivio llegará. Es fuerte que alguien deposite su esperanza en ti, porque implica un compromiso y una responsabilidad de intentar hacer las cosas lo mejor posible.

Recuerdo varios casos de esperanza. Les relataré uno sencillo: como ya comentamos, la depresión es una alteración de ánimo muy frecuente en este tiempo. Radica en una apatía constante y una falta de esperanza. En cierta ocasión, una mujer acudió a consulta cansada de tomar antidepresivos, de visitar psiquiatras y psicólogos sin sentir progreso alguno. Había intentado suicidarse nuevamente y, tras ser atendida a tiempo, me llamaron para realizar la valoración y llevar a cabo su proceso de psicoterapia.

Cuando alguien intenta suicidarse, ha llegado a un nivel profundo de desesperanza. Probablemente no ve alternativas y el cansancio de vivir lo mismo día tras día se convierte en su tormento. Cree que la muerte es la escapatoria ideal.

¡Mentiras! Eso es lo que nos dice nuestra mente en esos momentos, un engaño bien fabricado para hundirnos en la inactividad de la muerte. El suicidio no es un fenómeno moderno; siempre ha existido, como la mayoría de los trastornos. Lo que ocurre ahora es que son más evidentes, se muestran con mayor frecuencia o son publicitados, y por ello nos enteramos y nos alarmamos por las formas en que se dan.

Esta paciente, a quien llamaremos María, no tenía esperanza en ningún tratamiento, mucho menos en iniciar uno nuevo. El trabajo con ella fue doblemente complicado, pero no por eso menos necesario. Éticamente, no podemos abandonar a un paciente, rendirnos junto con él o mucho menos consensuar que el suicidio es la mejor solución.

Algunas veces, cuando empiezas a escuchar la historia de alguien, te das cuenta de cosas tan increíbles, de maltratos o insensibilidad humana, que el sobajado por la ley del más fuerte no es más que una oveja sacrificada y dolida por la mala vida que le ha tocado. Así fue con María.

Más de 50 años de maltratos y humillaciones por parte de la familia de su actual pareja, junto con miedos recurrentes de estar con él o de que alguien más le hiciera daño. Con todo eso, tuvo tres hijos, pero ninguno está a su alcance, pues cada uno ha huido de ese «hogar» y han dejado a la madre ahí, olvidada. Su única escapatoria, según creía, era morir.

Un suicida generalmente no busca morir por morir; solo quiere hacer algo para dejar atrás aquello que, por falta de voluntad y fortaleza, no puede enfrentar y que le atemoriza. ¿Cómo enfrentar una situación si las consecuencias son peores y no hay aliados para sobrellevarla?

María no estaba tan sola como creía, pero tenía que desenredar tanto dolor y tantas ideas falsas que la tenían enterrada en vida. Tras una larga hora de trabajo, finalmente logré conectarme con ella, convenciéndola de que intentáramos buscar otra salida, de que intentáramos una vez más. Accedió, porque dentro de ella aún albergaba una esperanza, y aquel que guarda esperanza todavía puede cambiar.

¿Cuántas veces estamos atados a situaciones en nuestra vida como si estuviéramos pagando una condena o expiando culpas pasadas? Estamos tan ciegos que no vemos lo que nos atormenta y nos encadena a situaciones impensables. ¿Cómo es posible que, sin saberlo o sin querer verlo, permanezcamos en esas situaciones como si fueran maldiciones interminables?

Cierta ocasión trabajé con personas invidentes, muchos años atrás, ofreciendo rehabilitación emocional. La mayoría eran jóvenes de entre 18 y 23 años, y estaban en un centro que no era adecuado: una casa vieja apenas sostenida por sí misma, con escasos aditamentos, libros en braille y equipos para entrenamiento con bastón. Si los recursos actuales para atender a quienes se consideran «sanos» ya son pocos, imaginen los destinados a quienes padecen alguna discapacidad: son prácticamente nulos.

En aquel entonces, además de las carencias, aumentaban los casos de jóvenes que perdían la vista, ya fuera por condiciones médicas progresivas o por accidentes desafortunados. También había quienes nacieron con ceguera congénita. Ambos casos eran difíciles, pero los que alguna vez vieron y ahora no podían hacerlo enfrentaban una situación particularmente complicada e injusta.

Sin lugar a dudas, la vista nos da una percepción externa del mundo, nos permite ubicarnos en él. Estamos tan acostumbrados a ver que, al perder este sentido, el mundo se convierte en un lugar inseguro. Qué difícil resulta habituarnos a la ausencia de algo tan nuestro, algo que damos por sentado.

El ser humano es tan frágil que no lo pensamos, ni mucho menos lo valoramos. ¿Cuántos de nosotros vivimos en la inconsciencia, atormentándonos por situaciones tan sencillas de resolver, convirtiéndolas en dramas dignos de una telenovela?

Las personas invidentes, así como cualquiera que padece una discapacidad, son dignas de reconocimiento por querer pertenecer a un mundo diseñado para los «sanos», un mundo que no se detiene ni se reacomoda para cubrir las necesidades del grupo social más vulnerable.

Falta sensibilidad y conciencia en nuestra sociedad. Tal vez ignoramos la salud emocional porque nos obligaría a enfrentar lo que no queremos ver, a afrontar lo que hace falta. ¿Cuánto tiempo más podremos sostener el mundo de esta manera? ¿Será necesario padecer tragedias personales para levantar la voz? ¿Qué tiene que suceder para que cambiemos?

No se trata de escribir un libro depresivo, sino uno con una línea de concienciación. La vida es aprendizaje. Es cierto que equivocarse es parte de lo humano, pero también es cierto que la vida no puede estar plagada de errores y justificaciones. La vida debe ser de reconocimiento, de admitir lo que no hemos podido mejorar y de buscar soluciones.

¿Cuántas religiones hemos creado para llenar vacíos? ¿Cuántos avances materiales hemos alcanzado para sobrellevar el excesivo trabajo acumulado? ¿Cuántos profesionistas hemos formado solo para que reciban un sueldo? Hemos creado tanto, pero muchas veces nuestras creaciones son remiendos de lo que se necesita.

Tenemos que observar nuestras propias creaciones, darles una línea de construcción o reparación cuando no resultan como imaginábamos, pero no podemos permitir que avancen si comienzan a trastocar la dignidad humana. Gobiernos insensibles y corruptos han hecho que no solo nuestro país, sino el mundo, se pierda en pobrezas y dolencias humanas.

Solo nosotros podemos cambiar lo que hemos permitido que ocurra. No se trata de una solución inmediata. Como mencioné al inicio, llevará mucho tiempo alcanzar el cambio que la humanidad busca. Pero podemos contribuir dejando de hundirnos en la apatía y la insensibilidad.

Hagámonos parte del mundo para actuar junto con él. Abandonemos la pasividad, creyendo en la esperanza de que la vida puede ser buena. Trabajemos para que lo malo quede atrás. Que nuestro llanto sea símbolo de compromiso con el cambio. Que nuestras lágrimas limpien nuestro pesar y aclaren el camino que debemos seguir.

Cada uno debe centrarse en su vida, sin comparaciones con la vida de otros. La vida que tienes es la tuya. Ahí es donde tienes que trabajar para repararla. Reparemos lo que aún se puede reparar.

Vamos a aligerar un poco lo que hemos estado hablando. Iremos a algo más banal. Les contaré algo que es rutinario para mí, pero que quizá para ustedes no lo sea tanto. Tengo algunos alumnos que, en ciertas ocasiones, vienen a buscarme para que les apoye con algún caso o con el servicio social.

No es nada del otro mundo, pero curiosamente me detengo a observar cómo lo solicitan o de qué forma buscan que les ayude. Algunos me llaman «Maestra», otros «Dra.» y otros «Lic.». Cómo me llamen es lo menos importante, pero sí se observa una línea clara en las nuevas generaciones de psicólogos: hay cierta desubicación respecto a lo que implica elegir esta profesión y llevarla a cabo.

Cuando se es estudiante, no hay duda, ninguno sabe realmente dónde está parado. Hacemos lo que hay que hacer para aprobar la materia, muchas veces sin más intención que esa. Así como vienen alumnos a buscarme, también lo hacen algunos padres de familia, pidiendo que les asesore con las tesinas o que les ayude a presentar sus exámenes. La mayoría ha obtenido su titulación sin problema, y hasta la fecha les recuerdo gratamente.

Sin embargo, he dicho «la mayoría» porque no todos concluyen este proceso. Hace algún tiempo, un padre de familia vino a buscarme, preocupado porque su hija había tenido una mala experiencia al no aprobar el examen de titulación. Esto la había traumatizado, y ahora se rehusaba a volver a presentarlo, recordando constantemente lo que había sucedido delante de toda su familia. Lo que debía ser un trámite se convirtió en una experiencia amarga cuando el sínodo decidió no aprobarla.

Fue una terrible experiencia, pero no debería haberla detenido después de invertir años de tiempo y esfuerzo. Esta alumna, llamémosla Adriana, finalmente hizo caso a su padre y vino a verme. Tuvimos que enfrentar a sus maestros y directivos para conseguir que le dieran una nueva oportunidad de prepararse para un siguiente examen, y afortunadamente lo logramos.

El problema es que, hasta la fecha, Adriana sigue sin concluir su proceso, y parece que no lo hará. Eso ya no depende de mí ni de quienes queremos que obtenga su título, sino de ella. Probablemente le sucedió lo que mencionábamos antes: nunca supo realmente dónde estaba parada durante todos esos años ni qué estaba haciendo en Psicología. No porque le faltaran habilidades, pues completó sus semestres, sino porque tal vez no estaba hecha para esta profesión.

No creo que haya desperdiciado el tiempo. Seguramente lo utilizó para madurar, y la misma Psicología le ayudó a superar sus propios traumas y miedos. Quizá tuvo que darse cuenta de esa manera, a través de una no aprobación. A veces veo a su padre consternado, no por el dinero invertido en sus estudios, sino porque su hija está tan cerca de obtener su título como psicóloga y no lo ha logrado. Ahora dice que se dedica al modelaje.

No es fea, y parece que eso le apasiona. Logra desinhibirse frente a la cámara, así que probablemente está encontrándose a sí misma. Como padres, quisiéramos que nuestros hijos hicieran lo más adecuado para ellos, pero lo que nosotros creemos más adecuado para ellos muchas veces no es lo que desean o quieren.

El caso de Adriana no es único. He tenido varios similares, y he logrado empatizar con ellos en algunas ocasiones. La verdad puede ser dura, pero necesaria para darse cuenta. Con Adriana lo hice: hablé claramente con ella y la confronté con lo que estaba sucediendo, con lo que los demás querían que hiciera y con lo que realmente deseaba. Creo que, a raíz de esa conversación, comenzó su camino en el modelaje e incluso incursionó en el estilismo.

Para muchos de nosotros, escuchar y afrontar nuestras verdades es complicado, porque nos desenmascara y nos deja indefensos frente a lo que realmente somos y hacemos. Reconocer lo bueno y lo malo que estamos haciendo no es fácil para ningún ser humano, y escucharlo de otro es doblemente difícil. Por eso preferimos no llegar a esos puntos de reflexión y, en cambio, hacer lo que los demás esperan de nosotros. Finalmente, es más sencillo culpar al otro que asumir nuestra propia responsabilidad.

Recordar cuando podía impartir clases me trae buenos momentos. Siempre he dicho que dar una clase es un proceso de aprendizaje doble para el profesor, porque no solo repasamos lo que ya sabemos, sino que redescubrimos lo que no habíamos observado al enseñar a otro.

La enseñanza escolar es otro tema que hoy en día enfrenta muchas contrariedades y también reclama una asesoría psicoeducativa. Se han creado en las escuelas áreas de apoyo para alumnos que, en un ritmo normal de aprendizaje o dentro del programa de los profesores, no logran consolidar sus aprendizajes. Psicólogos educativos existen, pero aún no hay una modalidad escolar ni contrataciones en las escuelas públicas. En las privadas, apenas comienza a incorporarse esta figura.

El área psicoeducativa, hoy en día, empieza a ser más importante de lo que pensábamos. Es donde se reflejan, como siempre ha ocurrido, los problemas familiares a través de los niños, adolescentes o jóvenes, y muchas veces no sabemos qué hacer con ello. Años atrás, era impensable hablar de Psicología y mucho menos del psicólogo. Si tenías problemas en la escuela, simplemente la dejabas. Entonces te dedicabas a trabajar en algo o a formar una familia.

No existía paciencia ni soluciones alternas para persistir en la escuela. Si el niño estaba triste, no se le daba importancia; «ya se le pasará, finalmente es un niño», decíamos, y ahí quedaba. El ritmo de la rutina hacía que, solos o bajo presión, nos fuéramos relegando en la familia.

Así funciona, incluso ahora, nuestro sistema familiar y social. Un integrante que no aporta al sistema es relegado. El sistema educativo es una réplica del sistema familiar mexicano, independientemente del estado en el que nos desarrollemos. Muchos grandes pensadores y estudiosos del sistema social y familiar han creado teorías, como el autor Minuchin, quien es, para los psicólogos familiares, una piedra angular de estudio.

Según él, en un sistema como la familia, los integrantes tienen una forma de convivir y de sanar sus propios traumas a través de la expiación de sus faltas o errores, que transgreden el equilibrio familiar o emocional.

Este proceso utiliza a un integrante del sistema para expiar esos errores. Pongamos ejemplos: un hijo adicto, un padre infiel, una madre con trastornos psiquiátricos, una hija con embarazo adolescente, casos de abusos, entre otros. El sistema familiar, a través de la «enfermedad» de uno de sus miembros, logra sostenerse y continuar con los ciclos establecidos por los antepasados y el presente de esa familia. Nuestro sistema familiar mexicano utiliza esta dinámica para sostener creencias, prejuicios e inestabilidades sociales.

Freud señalaría que, a través del integrante enfermo, la familia logra manejar las culpas inconscientes, permitiendo que los demás miembros sostengan su vida al depositar en otro las responsabilidades que ellos no asumen.

El sistema educativo, como cualquier estructura humana, refleja nuestras propias dinámicas familiares. En este caso, la educación culturiza a las personas y les da herramientas para sostener sistemas familiares que, en algunos casos, son deficientes. Esto no implica que todas las familias sean inestables o disfuncionales; existen familias con amplia conciencia, sanas, aunque menos comunes.

Nuestro sistema educativo sigue necesitando renovarse en este tiempo de evolución humana, y lo ha estado haciendo. Ya se han incluido formas de trabajo que abordan conductas antes no identificadas o desconocidas en los alumnos. Lo mejor es la inclusión de la Psicología en el trabajo de los profesores y el desarrollo de equipos especiales que apoyen a alumnos con aprendizajes deficientes o capacidades sobresalientes.

Quizá el error radique en olvidar que somos humanos y tratar de robotizar las dinámicas bajo planes rígidos. Esto nos hace perder de vista la subjetividad inherente a cada uno de nosotros. Lo universal no siempre funciona para todos; hay que retomar lo subjetivo para diseñar estrategias más personalizadas.

La Psicología puede ser tan efectiva como peligrosa. Es efectiva cuando se trabaja adecuadamente en cualquier rubro: educativo, familiar, deportivo, social, político, empresarial, entre otros. Incrementa la productividad en grupos e individuos. Es una herramienta poderosa, pero en manos inadecuadas o de personas no preparadas, puede ser peligrosa.

No es la Psicología en sí lo peligroso, sino quienes la manejan: seudopsicólogos, personas improvisadas, consejos comerciales, o la mercadotecnia de «tips psicológicos». Todo esto pone en tela de juicio su eficiencia.

Muchos psicólogos llegan al gremio no por pasión o gusto, sino por necesidades personales no resueltas. Utilizan esta disciplina como un salvavidas o un pretexto para compensar sus carencias. Esto no es exclusivo de la Psicología; en todas las ciencias, nuestra elección vocacional puede estar ligada a la compensación de algo. Esto no es malo en sí mismo, pero se vuelve peligroso si no logramos que la disciplina cumpla su finalidad.

¿Cuántas veces he escuchado que ser psicólogo es fácil, que cualquiera puede hacerlo, que no se necesita estudiar? Y cuántas veces me he repetido: ojalá fuera tan fácil como creen. Es mucho más complicado de lo que parece.

Ser psicólogo no es solo brindar atención para el bienestar emocional. Es involucrarse personalmente con quien comparte eventos, muchas veces trágicos, de su vida. Desde el momento en que alguien te confía su problemática, comienza la complejidad.

El diálogo humano es nuestra herramienta principal, y también la más complicada. La comunicación es la única forma de desentrañar el mundo mental de otra persona, pero no todos somos buenos comunicadores. Hacemos lo que podemos para expresar nuestras necesidades y satisfacerlas, aprendiendo, la mayoría de las veces, a través del ensayo y error.

Y no solamente nos comparten episodios trágicos, sino también momentos entusiastas, donde es imposible no involucrarse en el tratamiento con el paciente. La finalidad es reencauzar aquello que no se ha podido resolver. Muchos pacientes desean no volver a encontrarse nunca más con el «loquero», como dicen comúnmente, mientras que otros se alegran al reconocerlo en cualquier lugar y se acercan para saludar. Cada forma de ser es respetable en este sentido; finalmente, es un servicio que termina en el momento en que el paciente concluye su proceso o deja de asistir.

Mi abuela solía decir: «Hay que saber ser agradecidos». Lo recordé hoy porque, en muchos casos, nuestra forma de ser ha sido cultivada por nuestros antepasados. La razón por la que este pensamiento vino a mi mente es que he estado complicándome la agenda por personas a quienes creemos estar haciendo un bien al ayudarlas con su necesidad inmediata, pero luego nos damos cuenta de que no hay reciprocidad. Buscan pretextos para no cumplir con lo acordado, desaparecen o simplemente evitan encontrarse con uno.

Hace poco decidí ayudar a una persona con una necesidad monetaria. No era una cantidad considerable, pero angustiada vino a buscarme y me pidió que la apoyara porque no tenía a nadie más. Me prometió devolver el dinero de inmediato, incluso fijando una fecha. La razón de su urgencia era la atención médica de su padre enfermo.

Finalmente, pudo salir de esa situación, pero resulta que esta persona, que además trabaja como asistente en nuestro entorno laboral, recibió unos documentos relacionados con uno de mis casos jurídicos y, hasta la fecha, no me ha devuelto los documentos ni mucho menos el dinero. Mantiene el contacto, pero siempre con excusas.

Cuando suceden estas situaciones, te preguntas: si ayudas a alguien, ¿por qué no cumplen lo prometido? ¿Por qué comportarse con tal ingratitud después de recibir apoyo? Es algo que no termino de comprender del todo, aunque, por otro lado, entiendo que es parte de la naturaleza humana. Muchas veces nos interesa únicamente obtener lo que buscamos, sin intención de retribuir.

Esa naturaleza egoísta y defectuosa que traemos inmersa nos hace cuestionar por qué las cosas nos van mal o por qué ya no recibimos ayuda. Si nuestra conciencia pudiera reconocer nuestras malas acciones, así como las buenas, y si intentáramos cambiar y practicar cada día el ser mejores, entenderíamos mejor el curso de nuestro destino. Nos sabotearíamos y nos victimizaríamos menos.

Lo cierto es que todo en esta vida es retribuible. Las buenas acciones seguramente se recompensarán, aunque no sean reconocidas por otros. Las malas acciones también encontrarán su retorno, encadenándonos a sucesiones de hechos similares.

Las facturas de nuestra forma de vida se cobran aquí mismo, en este mundo. Psicológicamente hablando, cada uno sobrelleva sus traumas de la mano del destino que va forjando. Freud decía: «La infancia es destino». Yo agregaría que, aunque la infancia influya en nuestro destino, este puede cambiar de rumbo. Nada está completamente determinado, excepto la muerte, que es la única certeza en nuestra línea de vida. Sin embargo, la vida ofrece tantas puertas y posibilidades que es nuestra conciencia la que puede salvarnos de ese destino inicial.

La conciencia es nuestra mejor arma para debatir nuestras faltas y enfermedades.

¿Te ha pasado alguna vez que, al caminar por cualquier lugar, te das cuenta de cuántos somos y cuántos hay a tu alrededor? Es como si tuvieras una escisión de tu persona en ese momento, como si pudieras verte entre la multitud. Te autobservas y entras en una fase de darte cuenta de cuántos somos y cómo cada uno camina hacia su rutina diaria, sus imprevistos o sus necesidades.

En ese instante, siento que formo parte de la enorme familia humana y, al mismo tiempo, me doy cuenta de lo indiferente que puede ser mi vida para los demás. Puedes quedarte ahí, observándote o analizando a los demás. Verás que cada uno tiene su propio mundo, y lo que para ellos es importante en ese momento, puede no tener relevancia para nadie más.

Algunos discuten sus puntos de vista, otros muestran signos de enojo o molestia, mientras que otros simplemente están detenidos, sentados o de pie, dejando pasar el tiempo o repensando sus ideas.

Niños, adolescentes, jóvenes, ancianos, enfermos, animales domésticos, la vegetación que nos rodea... todos interactuamos de alguna manera, consciente o inconscientemente. La importancia de lo que nos sucede radica en el impacto emocional que tenga en nosotros y nuestra capacidad de reajustarnos a la vida.

Casi todos hemos vivido la pérdida de un ser querido. Las circunstancias de este tipo de eventos dependen de cómo los asimilamos y de su duración en nuestra memoria. A esto lo conocemos como duelo: la pérdida de algo o alguien querido que no podremos volver a tener en contacto físico, salvo por lo que nuestra mente y emociones logren conectar.

Por eso, se dice que el recuerdo es volver a vivir.

Hay duelos que se convierten en insanos en el momento en que el dolor persiste demasiado tiempo. Cuando recién ingresé a mi práctica clínica, tuve varios casos de duelo prolongado o insano, generalmente en mujeres adultas mayores y asociado a situaciones trágicas, como asesinatos, peleas callejeras, secuestros, amputaciones, violencia familiar, entre otros.

Ese dolor llevaba más de siete u ocho años repitiéndose, y las personas ya contaban con medicación antidepresiva. De hecho, estas personas estaban acostumbradas a llevar una vida de tristeza y pesar. Lo expresaban de manera tan natural y normal que se había convertido en un discurso establecido en ellas, donde no había intención de dejarlo atrás. Al contrario, ya existía una habituación diaria al pesar, manteniéndolo presente sin querer asimilarlo.

El duelo sana de manera natural, sin necesidad de presionar para regresar a la normalidad. A muchos de mis pacientes les explico que la única diferencia al asistir a un proceso de psicoterapia es que este permite una adecuación más rápida de las emociones y un manejo más eficaz de los afectos relacionados con la situación.

En fin, todas las situaciones que suceden al ser humano tienden a ser asimiladas de manera natural y buscan continuar con la evolución de la vida. Sin embargo, los resultados de esas asimilaciones no siempre son saludables; a veces se desvían. Aunque logran superar la situación, no siempre lo hacen de manera real y congruente con su interior y el entorno social al que pertenecen.

Un ejemplo cotidiano y desafortunado: ¿cuántos niños han sido víctimas de violencia intrafamiliar y se convierten en blancos perfectos para las adicciones, no solo como consumidores, sino también como ejecutores y perpetuadores de estas? Ya hemos dicho que la infancia marca líneas de vida, pero, nuevamente, nada está determinado.

La conciencia, trabajada de manera adecuada, puede salvar al ser humano más equivocado, por muy grande que sea el trauma, y devolverlo a la línea de vida. Puede hacer que vuelva a encontrarse con su bondad y liberarse de los «infiernos» que todos manejamos mientras intentamos superarlos cada día y seguir adelante.

Muchas de nuestras enfermedades sociales nacen precisamente de estas asimilaciones inadecuadas, incubadas por el ambiente psicosocial y emocional. ¿De quién es la culpa de esto? ¿Culpa, necedad, rencor, venganza? ¿Cómo saber con exactitud por qué sucede esto y a quién culpar? La realidad es que no logramos nada culpándonos unos a otros. Culparnos solo nos libera de responsabilidades aparentes, pero no resuelve nada.

Somos una familia humana y no podemos expiar nuestras culpas individuales porque estamos inmersos en una culpa colectiva: la de no preservar nuestro ambiente y, sin querer o queriendo, perpetuar las peores faltas y actos de violencia que ahora se evidencian en nuestra sociedad.

Sin embargo, no todo está perdido. También están presentes los valores humanos. La humildad, el agradecimiento, la compasión, la sensibilidad, la camaradería, las alianzas... La nobleza humana existe y no se deja opacar por nuestros propios defectos y necedades. ¿Cuántas veces nos hemos encontrado con un buen samaritano en el camino, alguien que nos brinda un apoyo momentáneo, una palabra de aliento o la fuerza necesaria para seguir adelante?

Los seres humanos tenemos esa nobleza en nosotros, y la mostramos cuando nuestra propia maldad está lo suficientemente adormecida y no ha permeado lo más esencial de nuestro ser. Por naturaleza, el ser humano es bueno, es inocente. Esa bondad siempre prevalecerá, a menos que, en su desarrollo, las emociones más oscuras del exterior se interioricen, transformando a esa persona en verdugo de su propia existencia y de la de los demás.

Hace poco se mencionaban estrenos de varias películas con tintes de dramatismo, futurismo y cuestiones paranormales. En los últimos años, se han producido más filmes y libros con este enfoque de misterio y elementos sobrenaturales, mezclando nuestras dos polaridades: bondad y maldad, ángeles y demonios, maldición y bendición. ¿Por qué estará ocurriendo esto?

Antes, realizar filmes o libros de este estilo era poco común; existían algunas obras muy conocidas, como la famosa película *El exorcista*, pero eran excepciones. Sin embargo, la evolución de nuestro cerebro y la adaptación psicosocial nos han llevado a una línea cada vez más delgada entre la cordura y la locura.

¿Cuántos «locos», como los llamamos, están internados en psiquiátricos con cuadros de psicosis, asegurando que enfrentan este tipo de luchas paranormales? Hoy buscamos una explicación para lo intangible y evidenciamos, a través de libros como este, que hay misterios sin resolver. Como humanidad, aún no hemos alcanzado a develarlos. Al no contar con testigos claros de estos secretos, enfrentamos sucesos inexplicables que solo nos dejan una vaga comprensión, etiquetada como «paranormal».

La línea de la subjetividad ha comenzado a impregnar todas nuestras áreas. Antes buscábamos separarla, evitando incluirla, pero hoy está integrada, incluso en la Psicología. Sin embargo, ¿realmente existe en esta disciplina una comprensión objetiva de este sinnúmero de historias que se están haciendo más frecuentes? Muchas son producto de una imaginación sorprendente o de una ilusión generada por eventos traumáticos e impactantes que revelan alteraciones de conducta.

¿Cuántos de estos casos podemos clasificar como locura y cuántos como sucesos inexplicables? La Psicología, aún limitada en el área paranormal, carece de herramientas concretas para abordarla. Solo contamos con los mismos niveles de subjetividad que cada psicólogo aplica, basados en líneas de realidad, creencias personales y debates sobre las detonantes de estos eventos. Estos temas, que claramente han inspirado la creación de muchos filmes, evidencian que nuestra sociedad busca respuestas a misterios y cuestiones que antes eran intocables y guardados a nivel familiar y social.

Con el tiempo, surgirán nuevos temas a medida que nuestra realidad evolucione. Incluso, la relación histórica de la humanidad con la iglesia, sus costumbres y ritos, deberá ajustarse a lo que los humanos necesiten develar para reencontrar su sentido en este mundo. La iglesia, que siempre ha buscado establecer un mundo espiritual y un reino a través del sentido humano, dejó estatutos para dividir lo terrenal de lo espiritual.

Las guerras externas que enfrentamos son un reflejo de las internas. Si, como sociedad, estamos en constante lucha por reconocer y dar lugar a lo que hemos obviado, ¿cómo puede el ser humano estar integrado emocionalmente si aún no ha logrado su integración total? Por esto, la evolución humana apenas comienza en el ámbito subjetivo y psicológico.

De aquí surge la tanatología. ¿Quién hubiera pensado en la creación de la tanatología años atrás?

Los duelos o las pérdidas que enfrentamos, ya sean materiales o emocionales, provocan en nosotros reacciones adversas como tristezas recurrentes, depresiones, inconformidades transformadas en enojo, rupturas familiares o conyugales, entre otras. La tanatología surgió de este fenómeno humano, enfocándose en el «buen morir».

Muchos duelos se prolongan, especialmente en casos de enfermedades crónicas o terminales, como el cáncer. Estas enfermedades, aunque tratables médicamente para prolongar la vida, no siempre se curan. Además, la tanatología aborda otras situaciones, como familias afectadas por suicidios, pérdidas de miembros corporales o cualquier evento impactante e inesperado que genere un estrés postraumático.

La tanatología se creó para ayudarnos a entender las fases de elaboración necesarias para reincorporarnos emocionalmente a la vida. El tanatólogo no siempre sigue una línea de trabajo estricta. Cualquier profesional capacitado en esta área, o en disciplinas afines, puede apoyar a las personas en este proceso de despegue emocional.

Recientemente encontré el caso de una mujer joven, de unos 23 años, a quien médicamente se le extrajo la matriz como única opción para evitar una tumoración maligna que podría costarle la vida. Desde ese momento, y hasta hoy, su duelo ha sido prolongado.

La valía de la mujer está fundamentalmente ligada a la parte reproductiva y, al verse hoy sin esa función, sufre grandes estragos y deficiencias emocionales. Su mundo interno es un caos, aun por el mundo externo y lo que le depara el futuro. La incertidumbre sobre quién podrá aceptarla sin esa capacidad para procrear o dar una familia es lo que más la atormenta en ese momento.

Desde una perspectiva tanatológica, habría que trabajar en las fases de su duelo. Si el psicólogo tuviera también esta formación, sería un profesional ideal en el aspecto emocional, ya que podría combinar no solo la psicoterapia, sino también las bondades que ofrece el estudio de la tanatología.

Subsanar lo que es irreparable o irrevocable es la misión no solo del tanatólogo, sino también del psicólogo. La salud mental o emocional se ha vuelto cada día más complicada para muchos de nosotros, y los casos comienzan a ser más frecuentes, aunque a menudo mal tratados y, en ocasiones, más visibles.

He visto muchos casos en los que el tratamiento inmediato consiste en un internamiento psiquiátrico, cuando nuestros psiquiátricos aún no cuentan con el desarrollo adecuado en su estructura y manejo. Si bien tenerlos es una gran ventaja para la sociedad, también es una desventaja, pues hay personas que no deberían estar allí. Su trastorno requiere psicoterapia constante y medicación conjunta, no un confinamiento con otros trastornos o personas con daños irreversibles.

Si colocas una manzana sana entre manzanas podridas, acabará teniendo la misma suerte. Así ocurre con el enfermo mental: aquel que es salvable no debería ser confinado en un lugar que no promoverá su rehabilitación emocional, sino que, por el contrario, fomentará la pérdida de sus habilidades para recuperarse.

Existen tantas deficiencias en nuestras historias, tantas experiencias que nos han trastocado la vida y nos han marcado de cierta manera, pero ni la tanatología ni la psicología nos brindan la magia de superar la vida misma. Son solo soportes y formas de confrontarla.

Como profesionistas, debemos ser conscientes de ello y manejarnos con mucha realidad, sin engañar a quienes llegan a nosotros, reconociendo también nuestras limitaciones. El ser humano que se esconde tras la máscara de psicólogo es, ante todo, un ser humano con defectos y cualidades. No debemos ensoberbecernos ni cerrar nuestro corazón, pues buscamos la valía del ser humano y su bienestar.

En cuanto a los medicamentos, aún no están permitidos, pero en un futuro podría ser conveniente debatir sobre la posibilidad de que el psicólogo clínico los implemente, quizá con algunas limitaciones. Tendremos que involucrarnos en ese debate, pero quizás lo hagamos en otro libro. Lo importante hoy es reconocer que cada profesional de la salud mental necesita trabajar en sí mismo para poder obtener, en el paciente, lo que él mismo es capaz de dar.

A lo largo de los años, hemos aprendido muchas enseñanzas, tanto del trabajo con pacientes como de nosotros mismos. Hay un trabajo que he visto que resulta enormemente satisfactorio al leerlo y poder meditar sobre él, ya que genera una retroflexión impresionante, corrigiendo automáticamente mi forma de actuar en el momento preciso y necesario. ¿Cuál es esa magia? No es más que una serie de historias que he creado en base a diversas situaciones y que me gustaría compartir con ustedes. Ustedes serán los mejores jueces de ello.

¿Les parece si empezamos?

Historias de vida

Primer cuento

Dos hombres se encontraban caminando por una vereda que cruzaba y unía la ciudad y el campo. Era un día soleado, recién comenzado el amanecer, y en ese camino había muchos más, empezando su día. Esos dos hombres estaban unidos por el mismo fin: araban el mismo campo del patrón y se encontraban muy seguido a las mismas horas del amanecer, rumbo al trabajo.

En ese lapso de tiempo y de camino, solían platicar cosas triviales, como el día que comenzaba, la lluvia que había caído el día anterior, lo que hoy pasaría en el campo de trabajo, la actitud pasada del patrón, entre otras diversas trivialidades.

Ese camino ya lo habían atravesado un sinfín de veces; era para ellos tan común que nada les podía sorprender. De hecho, eran de los trabajadores con más años en ese campo, probablemente más de quince, manteniéndose fuertes y sanos para continuar arando la tierra. Nada fácil, un trabajo de tanto esfuerzo y desgaste físico, pero muy importante para ellos en su sustento y por la facilidad con que lo hacían.

Ese día parecía como cualquier otro, no había razón para sorprenderse. El tiempo transcurría y ellos continuaban caminando y platicando, a su alrededor otros venían e iban, algunos saludaban y otros no.

En ese trayecto, casi al llegar a su campo de trabajo, uno de ellos pudo observar algo muy luminoso pegado a la tierra, que le destelló por el reflejo del rayo del sol. Se detuvo, entonces el otro hombre se quedó un poco desconcertado al verlo inclinarse hacia el suelo y remover la tierra. El hombre que se había agachado se levantó y le dijo:

—¡Mira, una moneda de oro!

El otro, incrédulo, le contestó:

—¿Qué va?

El primero la limpiaba y observaba mientras decía:

—¡En verdad, mira! Es una moneda de oro.

Atónito, el hombre incrédulo le dijo:

—¡Tírala! ¡No es lo que crees! Mejor ya no perdamos el tiempo, que el patrón no tarda en darse cuenta de lo que ya estamos trabajando.

Y siguió su camino sin dar más punto de discusión. El hombre que había encontrado la moneda se quedó pensando, y decidió guardarla en uno de sus bolsillos del pantalón. Así que continuó para alcanzar al otro y emprendieron su día de trabajo.

¿Qué te dice lo anterior?

Segundo cuento

En un hospital, era un día como cualquier otro. Había enfermos esperando la atención de un médico, ambulancias llegando por alguna emergencia, enfermeras realizando sus funciones y el demás personal trabajando. Claro, también estaban los médicos, así como estudiantes o residentes que algún día llegarían a ser médicos en toda la extensión de la palabra.

Pues bien, dos de esos estudiantes se encontraban adormilados por la carga de trabajo de los días anteriores, y hoy se sentían agotados. Uno de ellos le dijo al otro:

—Me siento con mucho sueño y me da mucha flojera tener que ir a pasar visita con el doctor. Pero ni hablar, tengo que ir porque me toca dar clase.

El otro le contestó:

—Yo también me siento cansado, pero a mí no me toca dar clase. Solo que sí quiero ir, porque acuérdate de que ese doctor sabe mucho y nosotros no sabemos nada. Así que mejor yo sí voy.

El otro compañero escuchó esto, pero le dio igual, así que ambos acudieron con el doctor a la rutina diaria. Y así fue: uno dio la clase y el otro no. Uno hizo lo que tenía que hacer, y el otro lo hizo esperando algo más.

¿Qué te dice esto?

Tercer cuento

Un día laboral, dos colegas se encontraban intercambiando ideas y eventos recientes en sus vidas. El colega A le platicaba lo contenta que estaba su familia por la pronta graduación de uno de sus hijos de la licenciatura y de las nuevas contrataciones que tenía en puerta.

El colega B lo escuchaba y asentía en símbolo de estar atendiendo la conversación, pero no quiso quedarse solo como oyente y, entonces, intervino para hablar de los lujos que él tenía, lo que pretendía comprar y expandir en su negocio, e incluso de las relaciones más importantes que ahora mantenía con personas de alta sociedad.

El colega A lo felicitaba y le agradaba que a él también le fuera bien. Por ocupaciones del mismo día laboral, tuvieron que dejar la charla para después, y cada uno continuó con sus tareas hasta la hora de salida. Al final, ambos se retiraron sin poder volver a verse hasta el día siguiente.

El colega B observaba al colega A todos los días, pues ambos coincidían en las mismas horas de trabajo, a menos que alguno de los dos cambiara sus horarios. Pero ambos tenían su planificación del día y continuaban con la rutina. Con el tiempo, el colega A empezó a considerar no solo a un compañero de trabajo, sino también a un amigo, y confiaba en él.

El colega B, de hecho, era conflictivo y tenía muy pocos compañeros de trabajo que le prestaran atención. Sus conflictos, decían, eran por presunción, y siempre buscaba sobresalir en la charla. Sin embargo, el colega A no se fijaba en eso. No creía que fuera tan mala persona como comentaban.

¿Qué crees que sucedió?

Cuarto cuento

Una familia, como cualquiera de las que conocemos, estaba a punto de celebrar el cumpleaños de su único hijo, de cuatro años. Ambos padres decidieron organizar una fiesta con globos, payasos y un enorme pastel, e invitaron a muchos más niños de la familia y conocidos. Se esmeraron en hacer una fiesta inolvidable para el pequeño.

Tiempo atrás, no habían podido hacer ninguna celebración de este tipo debido a diversos motivos, entre ellos nuevos empleos y cambios de domicilio. Al niño lo vistieron con la mejor ropa que encontraron, le pintaron el rostro con algunos colores que figuraban una especie de cara de gato, y lo llevaron al patio de casa, donde tenían todo planeado. Ambos padres estaban divertidos con todo lo que implicaba la organización, y sentaron al niño en una silla frente al pastel, indicándole que se quedara allí mientras llegaban los invitados.

El niño observaba todo lo que estaba a su alrededor: el tamaño del pastel, que era grande y tenía dibujos de personajes de dibujos animados en su superficie, y veía la llegada de los payasos. Los padres comenzaron a recibir a los invitados y a guiarlos al lugar donde se llevaría la mayor parte de la fiesta. Los demás niños llegaban y empezaban a jugar entre ellos, creando el ambiente típico de una fiesta infantil.

El cumpleañero seguía sentado, esperando que sus papás regresaran y le permitieran ir a jugar con alguien. Pero los padres lo olvidaron por completo, hasta el momento de cantar las mañanitas y proceder a la repartición del pastel.

La fiesta fue un éxito social. Todos quedaron muy complacidos y entusiastas de regresar en un próximo cumpleaños. Ambos padres quedaron tranquilos, sabiendo que todo había salido perfecto, y lo mejor de todo fue el éxito social con las amistades que, probablemente, les serían en algún momento fuente de apoyo.

El niño no le fue mal: recibió muchos regalos, tuvo su fotografía, que seguramente alguna vez mirará de adulto, y pudo comer algo dulce como cualquier niño. Solo que acabó cansado, y se preguntaba:

—¿Dónde estuvieron mis papás?

¿Qué es lo que realmente importa de todo esto?

Quinto cuento

En algún tiempo de esta era, hubo una reunión de sabios en el mundo. Todos llevaban sus propuestas y, obviamente, querían objetar algunas situaciones que habían sucedido y que no les parecían adecuadas. Y lo mejor aún: querían que alguien fuera elegido para ordenar a todos lo que había que hacer.

Finalmente, se convocó la reunión, y todos comenzaron a exponer sus ideas. Algunas eran devastadoras para la humanidad y otras, con tintes de bondad y mejora para todos. Llegó el momento de concluir y ponerse de acuerdo sobre qué idea o propuesta comenzaría a desarrollarse en el mundo. Se votó y se eligió una de ellas, pero en ese momento surgió inconformidad. A pesar de ser sabios, aún existía recelo sobre por qué esa idea y no otra. Así que comenzaron las objeciones y lucharon por debatir el veredicto.

Habrá que agregar que el sabio que fuera elegido para empezar con esa idea en todo el mundo recibiría el poder absoluto de la verdad; sería el único que pudiera tener la verdad en sus manos. Así, doblemente había revuelo y diferencias entre ellos al haber designado a uno de los sabios como el elegido.

Después de varias horas de deliberaciones, los sabios no podían ponerse de acuerdo. Volvían a votar y nunca quedaban de acuerdo, ni siquiera con mayoría de ninguna propuesta. Así que optaron por lo más sabio, al parecer: el poder absoluto de la verdad estaba concentrado en una esfera luminosa que yacía en un cuarto especial, rodeada de vidrios que la protegían.

Así que todos se introdujeron en ese cuarto y acordaron que cada uno se llevaría una parte de la esfera de la verdad, de modo que no habría controversias ni rivalidades. Todos estuvieron de acuerdo, y empezaron a idear cómo romper la esfera para que cada quien pudiera llevarse su parte.

Pues bien, así sucedió: cada sabio se llevó una pequeña parte de la esfera de tal forma que, con esa parte, cada uno estaría encargado de cuidarla para volver a juntar la esfera en la próxima reunión y rendir cuentas sobre el lugar del mundo en el que ellos se encargarían de propagar la verdad.

Hasta hoy, esa reunión de sabios sigue buscando piezas que faltan a la esfera de la verdad.

¿Qué crees que sucedió?

Sexto cuento

Cierto día, una madre decide llevar a sus dos hijas a que un médico las valorara. Las niñas tenían 10 y 6 años, y la madre no lo hacía por iniciativa propia, sino porque el maestro en la escuela le recomendó que necesitaban ayuda, ya que ambas mostraban conductas deficientes de aprendizaje e indisciplina.

La madre, aunque decidió llevarlas, no veía ningún problema en ellas. Incluso, le comentó a su hermana, que vivía con ella, y nadie más, que todo eso le parecía normal, que eran niñas y que tenían que distraerse y ser inquietas, que era pura exageración. La madre titubeaba en llevarlas o no, ya que no veía que fuera necesario. Así que, finalmente, omitió la sugerencia y siguió con su rutina diaria.

Estaba casi siempre fuera de casa trabajando en una maquiladora, por lo que tenía poco tiempo para verlas y, mucho menos, observar su conducta. Cuando lograba estar en casa, las niñas se la pasaban jugando o fuera de casa con la tía. Entonces, lo único que buscaba la madre era descansar y tener el menor ruido posible.

La tía de estas niñas comenzó a notar que ellas hacían cosas peligrosas. Jugaban a las escondidas y tardaban mucho en encontrarlas, y muchas veces, hasta de noche, ellas solas regresaban de donde se habían escondido, sin importarle el regaño. Otras veces, jugaban con pólvora para aumentar la curiosidad y el riesgo de los juegos. Las conductas empezaban a ser cada vez más exageradas. Así que, preocupada, la tía le sugirió a la madre de las niñas que pidiera apoyo médico. La madre, aún incrédula, asintió y decidió llevarlas.

Cuando llegaron con el médico, las dos niñas, imparables en el consultorio, comenzaron a mostrarse inquietas, tomando todo lo que encontraban a su paso, sin que la mamá demostrara la mínima autoridad sobre ellas. El médico, atónito y enloquecido por tal conducta, las medicó y sugirió un seguimiento psicológico.

¿Qué crees que ocurrió después?

Séptimo cuento

Una mujer bonita, como muchas que hay en el mundo, siempre emprendedora y con una actitud soñadora, se incorporó nuevamente a su rutina de trabajo. Algunos hombres la seguían con la finalidad de buscar una cita; claro que no todos esos hombres eran solteros, sino que ya tenían relaciones establecidas, pero insistían en lo que cada uno quería lograr.

La muchacha bonita no tenía interés en nada de ello, solo mantenía relaciones cordiales en la medida de lo posible, porque los otros hombres eran insistentes y algunos ni siquiera la respetaban por tratarse del lugar de trabajo. Le insinuaban situaciones o bien la tuteaban sin ningún límite.

La muchacha bonita, cada día que pasaba, se incomodaba más por estas situaciones. Las sobrellevaba porque no siempre los veía, solo que muchos de ellos la buscaban, aunque sabían que ella estaba trabajando, con cualquier pretexto. La muchacha bonita, finalmente, después de tanto tratar de sobrellevar la situación, cierto día, uno de ellos llegó con los mismos ademanes y comentarios imprudentes, y la muchacha bonita estalló en cólera contra él.

—¡Le exijo respeto! —le marcó un límite definitivo.

El otro, impactado por ver tal reacción, se desconcertó, su semblante quedó desgajado y se retiró sin saber qué hacer o decir. La muchacha bonita, en ese momento, descansó de tanta situación que la tenía incómoda, pero a la vez se sintió algo desconcertada por tener que haber llegado a ese punto para que la dejaran en paz. Se corrió la voz y no la volvieron a molestar, al menos ellos.

¿De qué te das cuenta?

Octavo cuento

La familia de Andrés había padecido el suicidio del padre hacía unos años, para ser precisos, cinco años atrás. De sus tres hijos, el mediano había intentado suicidarse con pastillas hace unos días, y la madre estaba preocupada por ello, mientras que sus hermanos demostraban molestia hacia él por haber hecho eso y lo presionaban para que estuviera bien.

Con lo sucedido, este hijo, llamado Víctor, se relegaba en casa y, aunque asistía a la escuela —la preparatoria—, no entablaba mayores niveles de interacción social. Seguía con sus medicamentos y con la rutina de casa, donde sus hermanos le hacían burla por sus ademanes y le atribuían ser homosexual. La madre no emitía opinión alguna sobre esto; solo quería que su hijo no volviera a intentar suicidarse.

Desde pequeño, a Víctor le asignaban actividades domésticas más que a los otros dos hermanos, quienes se identificaban más con el padre y acudían a las actividades laborales del campo. Mientras tanto, Víctor seguía a su mamá y observaba sus vestimentas, sus combinaciones de zapatos y el tono de su voz, cada vez más aguda y con cierta entonación femenina. Por ello, sus hermanos lo provocaban con burlas, y en la escuela, a medida que crecía, no faltaban las críticas hacia su forma de ser, donde lo señalaban como mujer.

La madre escuchaba, pero jamás tocaba ese tema ni hacía caso de tales comentarios. A los 17 años, Víctor intentó suicidarse, y su madre, plenamente convencida de que necesitaba ayuda, decidió buscarla y darle el apoyo que necesitaba. Finalmente, la verdadera razón de su desesperación comenzó a salir a medida que él empezaba a recuperarse de ese intento de suicidio. Comenzó a fortalecer su autoestima y seguridad, por lo que su tormento era realmente el poder encarar lo que sí mismo era y es: su propia verdad.

¿Qué te deja esto?

Noveno cuento

Una mujer internada en un hospital por presentar intentos de suicidio recurrentes, pero con actitudes manipuladoras y en búsqueda constante de que los demás se sintieran responsables de lo que le pudiera pasar si no la complacían, recurría una y otra vez a la amenaza de hacer algo en contra de ella misma. Lo que más señalaba era «aventarse de una ventana y terminar con esto de una vez por todas».

Así llegó una vez más al hospital. La madre realmente se preocupaba y no podía permitir que, por su culpa, le pasara algo malo. Ya estando internada varias veces, realizaba conductas de rebelión contra los sueros y medicamentos señalados: los quitaba sin importarle lo que dijeran. Mostraba exaltada su desesperación y repetía una y otra vez que los culpables de lo que le pasara eran su familia.

Cierta ocasión, un enfermero, por rutina laboral, tuvo que atenderla. La paciente lo agredió y se defendió contra él. Entonces, el enfermero decidió aplicar una estrategia rápida de límites y enfrentamiento con la paciente. Sin más ni más, abrió la ventana y le dijo:

—Si se quiere matar, aquí está la ventana, pero deje de hacer tanto teatro. ¡Hágalo entonces y tome su decisión!

La paciente, atónita, no supo qué hacer. Se quedó quieta y desconcertada. Días después, la paciente egresó y la familia pudo irse más tranquila. Curiosamente, no volvieron a regresar.

¿Qué sucedería?

Décimo cuento

¿Cuántas veces nos han hecho creer lo que no es verdad? ¿Cuántas veces hemos acabado creyendo lo que otros nos dicen?

Una familia llegó preocupada porque en la escuela a uno de sus hijos le habían señalado como inadaptado para llevar a cabo un aprendizaje y con un intelecto de retraso mental, lo cual los padres no concebían. Los señalamientos, hechos por profesionales de la misma escuela, ocasionaban confusión en ellos, pues no percibían de esa manera a su hijo.

Muchas preguntas les venían a la mente. Lo primero fue hablar con aquellos que habían hecho tales afirmaciones. El padre analizaba qué habría sucedido para llegar a esa conclusión, pues él veía a su hijo todos los días y, pese al trabajo, lo observaba y estimulaba con figuras y abecedarios. Conversaba por horas con su esposa tratando de entender el porqué.

Finalmente, el día del encuentro con los profesores llegó. El padre llevó a su hijo para enfrentar la realidad, si así fuera. Ahí mismo, el padre le hizo a su hijo algunos ejercicios con letras y pronunciaciones, y los maestros se quedaron sin palabras: no pudieron defender su diagnóstico, que habían basado únicamente en impresiones.

El niño continuó en la escuela, pero con algunas etiquetas. La madre, invadida por los comentarios de los profesores, empezó a creer que realmente ella tenía la culpa. Finalmente, Jeshua ingresó a la primaria en una nueva escuela. Aunque llevaba antecedentes de notas, los nuevos maestros pidieron valoraciones clínicas adecuadas.

El veredicto clínico confirmó que Jeshua era un niño sano, sin déficits ni incapacidades intelectuales. La familia, por fin, encontró la tranquilidad que buscaba, y la madre adquirió seguridad en sí misma y en su hijo.

¿Algo así te ha pasado?

Undécimo cuento

¿Es amor, es obsesión o qué es? Se preguntaba una esposa que, tras varios años de soportar la violencia intrafamiliar constante de su esposo, aún veía en él instantes de arrepentimiento, momentos en los que su comportamiento cambiaba y ella decidía darle otra oportunidad.

El esposo alegaba que era ella quien explotaba y no se controlaba, que no era su culpa lo que les sucedía, sino de ambos, porque ninguno de los dos sabía controlarse. Cabe decir que accedió a tratamiento psiquiátrico únicamente porque fue una condición que su esposa puso antes de tomar la iniciativa de separarse.

Tenían dos hijos pequeños, uno de 6 y otro de 11 años, quienes presenciaban los enormes pleitos entre sus padres, aunque esto no les provocaba desesperación, sino más bien enojo hacia su madre. Ambos niños imitaban los tratos y actitudes del padre hacia ella, lo que hacía más difícil para la esposa lidiar contra tres.

Ella, compasiva por su esposo y con el temor de sentirse responsable por propiciar la separación, quizá no estaba totalmente segura de tomar esa decisión, así que decidió seguir aguantando. El esposo hacía cambios temporales, pero volvía a ser quien realmente era.

Ella trataba de defenderse de sus conductas lo mejor que podía y buscaba que sus hijos comprendieran por sí mismos quién era su papá. Sin embargo, quien comenzaba a enloquecer era ella. Cada vez se desesperaba más, enojada consigo misma y con él, por no encontrar lo que buscaba en él.

Los tiempos se volvieron más difíciles para ella, hasta que llegó el momento de tomar una decisión.

¿Cuál sería la tuya?

Duodécimo cuento

En una colonia como cualquier otra vivían varios inquilinos en diferentes casas construidas. No todas eran lujosas, de hecho, eran sencillas, con lo necesario para tener una vida tranquila.

Una familia de ese lugar, al parecer, había obtenido algún ingreso extra o aparentaba tener mayor poder adquisitivo, ya que remodelaron su casa. Pusieron nuevas canteras, colocaron faroles de iluminación, agregaron una terraza y una cochera automática. La casa quedó muy renovada y diferente. Esta familia se jactaba de presumir a los demás su buena suerte o lo que habían logrado.

Los vecinos contiguos, ni tardos ni perezosos, hicieron algunas modificaciones a su casa: podaron sus jardines y árboles, decidieron rentar parte de su vivienda a estudiantes universitarios y abrieron un negocio de comida corrida. Estos vecinos, a su vez, se encargaron de que todos supieran, especialmente los recién remodelados.

Unos terceros vecinos, que vivían entre estas dos casas, observaron todo aquello, pero no compitieron en nada. Simplemente se enfocaron en lo que les tocaba hacer: recoger su basura, mantener la calle limpia, respetar la convivencia y continuar con sus rutinas.

Los otros dos vecinos, al ver que estos no reaccionaban ante sus cambios, se sintieron desconcertados. Pese a todo lo que habían hecho, no se sentían felices y más bien se enojaban al ver que, aunque no habían invertido como ellos, los terceros vivían sus rutinas con espontaneidad y armonía en su hogar.

¿Qué aprendes?

Decimotercer cuento

En los meses de lluvia, en cierto poblado, las tormentas eléctricas no se hacían esperar. Era bien sabido por los habitantes que, ante esos fenómenos, debían retirarse a casa y esperar a que pasaran. Y así lo hacían: al menor indicio de tormenta eléctrica, las calles comenzaban a vaciarse, y las personas se resguardaban.

Algunas veces era solo una tormenta eléctrica; otras, la lluvia caía con tanta fuerza que el poblado quedaba inundado. A veces las cosechas prosperaban, pero en otras ocasiones quedaban ahogadas en agua.

En ciertas temporadas, se registraban fallecimientos en ese poblado debido a la caída de rayos. Los relámpagos no tenían límites ni elegían edades: podían alcanzar árboles, animales, casas o personas, desde niños hasta ancianos. Sin embargo, los habitantes rara vez imaginaban que alguno de ellos sería la próxima víctima, y continuaban sus rutinas como si cada día fuera uno más.

En ese lugar existía un grupo de fútbol infantil. Entre sus integrantes estaban Brian, de 10 años, y su hermano Esteban, de 8. Ambas tardes salían a jugar un rato en las canchas.

Aquel día comenzó una tormenta eléctrica. Los niños más rápidos desaparecieron del lugar, mientras que Brian y Esteban, más lentos, tomaron su tiempo para buscar su balón y retirarse. Pero el rayo fue más rápido que ellos.

Los padres, angustiados al no verlos regresar, volvieron al campo, solo para encontrarse con una enorme y dolorosa sorpresa.

¿Qué tan presente está en ti la vida?

Decimocuarto cuento

La diferencia entre la realidad y la irrealidad es muy tenue. ¿Cómo distinguirla? ¿Cómo saberlo? Se preguntaban muchos filósofos, entre otras tantas cuestiones que reflexionaban en sus propios análisis y premisas inherentes a su naturaleza.

Uno de ellos, Demetrio, profundizaba en el análisis del bien y del mal, en las figuras mitológicas de demonios y ángeles. Buscaba una evidencia racional que le permitiera catalogar, dentro de una idea, lo que sería demoníaco y lo que sería angelical. Sin embargo, iba más allá de lo racional, dedicando horas a encontrar algo más real entre esas dos polaridades.

Un amigo suyo, llamado Odiseo, se centraba no solo en el análisis, sino también en la sabiduría propiamente humana. No buscaba tanto respuestas evidenciales, sino entendimiento. Debatía entre lo tangible y lo intangible, observando cómo explicar lo que las religiones llaman poseídos o comprender lo que significa la salvación espiritual.

Ambos amigos exploraban sus concepciones: uno desde lo racional y el otro desde lo intangible. Solían debatir sus puntos de encuentro respecto a estos temas y defender sus posturas, aunque ninguno lograba convencer al otro completamente. A pesar de ello, seguían siendo excelentes amigos.

Un día, dentro de ese lugar y tiempo, uno de los filósofos enfermó de algo que no se sabía exactamente qué era. Su ánimo decaía, y su apetito disminuía cada vez más. Ambos amigos intentaron averiguar qué sucedía con su colega, pues siempre habían sido serviciales y humanitarios. Sin embargo, este filósofo, Darío, era renuente y duro en sus juicios. Solía emitir enormes líneas de prejuicios ante cualquier tema puesto en tela de análisis.

Enfermo, los médicos solo detectaron que había una bacteria, pero no lograban identificar qué tenía exactamente. La enfermedad fue cambiando el carácter de Darío, hasta que parecía ser otra persona. Sus acciones empezaron a ser descabelladas, aunque en ocasiones parecía tener destellos de razón.

Fue entonces cuando Demetrio y Odiseo observaron lo que tanto debatían: Darío no era un filósofo flexible ni abierto, pero tampoco era malo como humano. Entonces, ¿qué estaba pasando con él? ¿Era posible que su razón se hubiera ido? ¿Podía esa bacteria ser algo intangible que lo poseyera?

Ambos se enfrentaron a la realidad que tanto estudiaban. Pasó el tiempo, y Darío empeoró. Era necesario hacer algo, pero ¿qué? Decidieron intervenir basándose en sus dos concepciones: lo tangible y lo intangible. Usaron la medicina y lo espiritual. Con el paso del tiempo, Darío mostró una leve mejoría. Se sentía agradecido con ellos por no haberlo abandonado, y finalmente accedió a cualquier alternativa que le propusieran. Darío no murió.

¿Qué imaginas que pasó?

Decimoquinto cuento

Las enfermedades no son las únicas que pueden contagiarse y propagarse; también lo hacen las ideas y las acciones. Desde hace tiempo, las sociedades han ido evolucionando gracias al contagio de ideas nuevas que promueven cambios favorables para todos, o al menos para la mayoría. En algunos casos, esto ha originado nuevas leyes, que no siempre son tan favorables para todos, sino solo para unos cuantos.

Las desigualdades han sido cada vez más evidentes, y la sociedad muestra recelo y revanchismo ante las acciones de las autoridades y el gobierno. En una ciudad llamada Poe, las autoridades comenzaron a establecer trampas y artificios para imponer más impuestos, mientras los delitos crecían y parecían insensibles a ello. La sociedad de Poe, cansada de la impunidad y de que las autoridades buscaran solo su propio enriquecimiento, decidió un día administrar la justicia por su cuenta.

Comenzaron castigando los delitos más simples y, eventualmente, los más graves. Desde evidenciar a los delincuentes ante la turba hasta apedrearlos para que expiaran sus culpas, las acciones se tornaron cada vez más extremas. Las autoridades, atónitas, enviaban a la policía, pero esta prefería resguardar su propia vida ante la furia de la turba.

La sociedad buscaba venganza por lo que les habían arrebatado. Querían poner en su lugar a quienes creían poderosos, tomando la ley del más fuerte y el ojo por ojo. La ciudad de Poe comenzó a ser una copia de tiempos pasados, fuera de los niveles de actualidad. El ejemplo cundió, y otras ciudades empezaron a imitar su modelo.

El gobierno del país fue trastocado en su estabilidad y seguridad. Lo que parecía un reclamo de justicia se convirtió en desorden e injusticias.

¿Quiénes eran más culpables? ¿Los que provocaron todo esto o los que se habían convertido en aquello que odiaban?

Decimosexto cuento

—¿Por qué lloras a los muertos? ¿Por qué les sufres tanto?

Dora había sido testigo de la muerte de su nieto de 8 años mientras lo cuidaba en el rancho. Era un hermoso lugar, con pastizales verdes y enormes árboles de higos. Aquel día, la abuela y el nieto convivían mientras los padres del niño se dedicaban a asuntos pendientes del campo. Regresarían en unos días por él.

La abuela, entusiasta por la compañía, dejaba que Erick jugara en las afueras de la casa sin ningún problema, mientras ella continuaba con sus quehaceres rutinarios: preparar la comida, limpiar la casa, lavar la ropa, etc. El tiempo transcurrió; la mañana se hizo tarde y la tarde comenzó a ser noche. El clima empezó a mostrarse violento, con lluvia y relámpagos.

De inmediato, Dora llamó a Erick desde la distancia:

—¡Ya métete! ¡Va a llover fuerte! —lo repetía constantemente.

La lluvia comenzó a caer con fuerza. Dora se dispuso a asegurar la casa, pensando que Erick ya estaba dentro. Fue a su cuarto para cerciorarse, pero no lo encontró. Comenzó a llamarlo, pero no obtuvo respuesta. La angustia creció, y sus gritos se hicieron más agudos. Decidió salir a buscarlo bajo la lluvia torrencial y la oscuridad, pero no lograba encontrarlo.

Pensó que tal vez estaría jugando cerca de una milpa, por la siguiente cuadra de la casa, donde había una acequia. Fue hacia allá, y entonces un grito desgarrador se escuchó.

Erick estaba sin vida, flotando en la acequia. Los gritos desesperados de Dora estremecieron a toda la cuadra, pidiendo auxilio. La ayuda llegó, pero ya era demasiado tarde para Erick.

La triste noticia llegó a los padres y a todos los conocidos. Dora aún sigue llorando a su nieto.

¿Por qué lloras a los muertos?

Decimoséptimo cuento

—¿Quiero una vida normal? ¿Pero qué es una vida normal?

Sergio, desde pequeño, había sido diagnosticado con diabetes. Esto lo privaba de consumir alimentos altos en azúcar, lo cual era un tormento para aquel niño que hoy ya es adolescente. Su familia, preocupada, lo sobreprotegía, exagerando en su cuidado por miedo a que algo malo pudiera sucederle.

Siendo adolescente, Sergio a veces se molestaba por tener que inyectarse insulina y, con frustración, se preguntaba hasta cuándo tendría que hacerlo. Explotaba con su madre y renegaba de su situación, cuestionando por qué tenía que vivir así. Sus controles médicos no iban bien: en ocasiones los olvidaba, y en otras terminaba en urgencias debido a los niveles altos de azúcar.

A escondidas, comía golosinas sin que su familia se diera cuenta, convirtiéndose en un paciente indisciplinado. Esto preocupaba aún más a sus padres, quienes no sabían cómo manejar la situación. Sergio no parecía entender que debía seguir el tratamiento, que no había otra opción.

Como buen adolescente, anhelaba llevar una vida normal, decía, sin preocuparse por inyecciones ni controles médicos. Odiaba su vida, y a veces culpaba a sus padres por haberle «dado» esta condición. Repetía una y otra vez: «Una vida normal, una vida normal», incapaz de comprender por qué los adultos no podían entenderlo a él.

Decimoctavo cuento

Delirio o locura

El amor de una madre es siempre abismal hacia un hijo. De una u otra manera, las madres han estado con nosotros en cada paso. Así fue con la mamá de Fernando, quien, a sus 26 años, seguía siendo el centro de su atención.

El padre de Fernando había fallecido hacía 15 años, y desde entonces el joven mostró un marcado aislamiento social. Se volvió más introvertido de lo que ya era, aunque continuó con sus actividades rutinarias. Adoptó conductas extrañas, como tapizar una de las ventanas de su cuarto, evitando el contacto social.

De pequeño, su madre había notado que sus compañeros se burlaban de él en la escuela, y suponía que eso podía ser una de las razones de su falta de interés en relacionarse con los demás. Ahora, Fernando era un joven silencioso, casi incapaz de expresar sus pensamientos o emociones, salvo cuando explotaba en desesperación o llanto.

Preocupada, su madre decidió motivarlo. Organizó visitas familiares, lo inscribió en un curso de computación y trató de hablar con él para comprender qué le sucedía. Sin embargo, olvidaba que Fernando había nacido con limitaciones cognitivas. Aunque él había desarrollado ciertas capacidades, ella no lograba asimilar completamente esta realidad o, si lo hacía, lo relegaba en su afán de verlo como un joven «normal».

Con el tiempo, Fernando comenzó a tener actitudes más extrañas. Una noche le confesó a su madre que veía una mano flotando frente a su ventana, que le hacía movimientos. Para él, era tan real que decidió tapizar nuevamente la ventana para evitar verla. Aunque ella pensó que se trataba de un delirio pasajero, más tarde Fernando escuchó voces distorsionadas que lo atormentaban. Se refugió en su cuarto, bajo las cobijas, hasta que su madre decidió llevarlo al médico.

Lamentablemente, la locura había avanzado, y no hubo más opción que tratarlo con atención psiquiátrica.

Decimonoveno cuento

¿Derecho o egoísmo?

Una madre siempre hace lo que está a su alcance por un hijo, aunque también sufre por aquello que no puede hacer. Así era en el caso de Rafael. Sus padres sufrían al verlo enfrentarse al fracaso de su matrimonio.

Rafael les confesó que quería separarse definitivamente de su esposa. Su madre trató de disuadirlo, asegurándole que todos los matrimonios enfrentan problemas, pero que con el tiempo se pueden resolver. Sin embargo, Rafael se mantenía firme:

—Estoy cansado de esto. No puedo más. Se terminó.

Los padres, desconcertados, habían pensado que su relación era estable. Sin embargo, Rafael les reveló humillaciones que había sufrido por parte de su esposa debido a la diferencia de posición económica entre ellos: ella, con un estatus acomodado, y él, de un nivel medio.

Por si fuera poco, la madre de Rafael había tenido recientemente una intervención quirúrgica en la cadera, lo que le impedía valerse por sí misma. Su esposo, encargado de cuidarla, comenzaba a mostrar actitudes hirientes hacia ella, como dejarla con hambre, a pesar de saber que dependía de él para comer.

Ante todo esto, la madre de Rafael decidió concentrarse en su recuperación. Se propuso establecer límites y enfocarse en su bienestar, dejando de lado temporalmente los conflictos de su hijo y su esposo. Finalmente, logró rehabilitarse, recuperando la movilidad y la independencia que tanto anhelaba.

Después de este proceso, se dedicó a reconstruir su familia, enfocándose en lo que aún podía salvar.

Vigésimo cuento

Ojos desviados

Mucho tiempo pasamos buscando un antídoto para la desesperación y el dolor. Sin embargo, no siempre son fáciles de encontrar y, en ocasiones, terminan trastornándonos a nosotros y a quienes nos rodean.

Blanca no era la excepción. Madre de dos hijos adictos a la cocaína, con antecedentes de una familia disfuncional, padre desconocido, madre con trastornos mentales y hermanos fallecidos a manos del crimen organizado, Blanca sufría y se dolía por seguir viviendo.

Su mirada estaba perdida, como si no viera nada, como si divagara en un punto inexistente, lejos de la realidad. Lo que llevaba dentro lo arrastraba desde hacía casi toda su vida, ahora con 48 años.

Nunca había buscado ayuda de ningún tipo, salvo la médica, al comenzar a padecer EPOC. Pese a todo, sentía que debía hacer algo con su vida, pero no sabía qué. Nadie le sugería nada hasta que un día, sus propios hijos comenzaron a asistir a grupos para adictos. Con esfuerzo, avanzaron en dejar la droga, y aunque no lo lograron completamente, mejoraban.

Ellos mismos fueron a buscar a su madre y le insistieron en que los acompañara a los grupos, que a ellos les había ayudado. Blanca aceptó. Y fue.

Cuento vigésimo primero

Homosexualidad o confusión

En la actualidad, se han mostrado mayores niveles de tendencias homosexuales, o al menos, estas se han hecho más visibles ante la sociedad. Muchos están a favor, mientras que otros tantos están en contra, lo que genera descontento social en torno a temas que desafían lo establecido a lo largo de la historia de la humanidad.

Candy era una de esas personas. A sus 18 años, decía ser bisexual. Tenía antecedentes de abuso sexual por parte de su primer novio, y a raíz de esa experiencia comenzó a relacionarse con mujeres de su edad, descubriendo un gusto hacia su mismo sexo.

Su madre aún no lo sabía, pero Candy decidió confesarle que era bisexual. Además, aprovechó una consulta médica —pues estaba en tratamiento por convulsiones— para comentárselo al médico y buscar orientación psicoemocional. La madre, al enterarse, comenzó a debatir internamente cómo era posible que su hija dijera ser bisexual y qué pasaría si su familia se enteraba, y luego la escuela, y después los demás. Las angustias se acumularon a partir de aquella confesión.

Convencida de que la homosexualidad no era «para ella», la madre pensó que su hija estaba confundida debido a lo que había vivido tiempo atrás. Quería que alguien le hiciera ver que esa decisión no era clara. Sin embargo, Candy insistía: llevaba tiempo relacionándose con mujeres, había tenido varias novias y se sentía cómoda y segura al decir que era bisexual.

Sin aceptar esta realidad, la madre decidió acudir con un psicólogo, con la esperanza de que «convirtiera» a Candy nuevamente en heterosexual.

Para sorpresa de ambas, el psicólogo no intentó cambiar a Candy, sino que trabajó con ella en la exploración de sus emociones y en la comprensión de lo que le sucedía. Candy, por un lado, se mostró tranquila al sentirse escuchada y comprendida. Por otro lado, su madre tuvo que aprender a ser paciente y aceptar el proceso de su hija.

Tiempo después, el camino de Candy seguiría definiéndose: ¿era realmente una tendencia homosexual o una confusión?

Cuento vigésimo segundo

La familia también es destino

Hace muchos años, Freud inició lo que hoy conocemos como psicoterapia y sentó los primeros pilares de la psicología moderna, especialmente en lo que llamó psicoanálisis. En sus hallazgos descubrió que «la infancia es destino» en el ser humano: el análisis de la vida infantil revelaba, en muchos casos, la generación de traumas o enfermedades psicosomáticas.

Quizá también podríamos agregar que la familia que nos recibe en este mundo influye en el destino que cada uno de nosotros experimenta a lo largo de la vida. Nos perfila a resolver nuestra existencia, en la mayoría de los casos, como hemos observado que lo han hecho los nuestros.

Rubén, un adolescente de 15 años, atravesaba constantes periodos de rebeldía y desafío hacia las normas en casa, aunque únicamente con su madre. Esta situación comenzó a angustiarla profundamente. Durante años, su madre lo había sobreprotegido hasta el extremo: seguía decidiendo por él, revisando sus tareas más insignificantes y, hasta hace poco, le daba la oportunidad de elegir su propia ropa.

Rubén, ante todo esto, explotaba. Le desesperaba que lo trataran como a un niño, y se lo repetía constantemente a su madre:

—¡Deja de tratarme como un niño!

Pero ella no comprendía a qué se refería y optaba por seguir sobreprotegiéndolo, justificando sus quejas como simples berrinches.

En la escuela, Rubén comenzó a bajar sus calificaciones. La mayoría rondaban entre 6 y 6.5, y llegó a reprobar una materia. A esto se sumaron conductas agresivas con compañeros, que le causaron suspensiones. No fue, definitivamente, su mejor semestre. Ahora tendría que presentar un examen de nivelación y, por imposición de su madre, mejorar sus calificaciones. No tendría vacaciones reales: debía estudiar y permanecer en casa bajo las mismas normas de sobreprotección.

Su madre, además, llevaba tiempo enfrentando desórdenes emocionales derivados de su matrimonio y conflictos familiares. Su inestabilidad emocional era evidente, aunque intentaba hacer lo mejor que podía. Rubén había visto todo esto en su madre y en su padre. ¿Alguna vez lo había dicho? ¿O lo callaba todo?

Cuento vigésimo tercero

Impaciencia o inconsciencia

Luis, un niño de 9 años, tenía problemas de conducta en la escuela según su profesor, quien lo acusaba de ser indisciplinado y flojo. Continuamente, el profesor lo castigaba y citaba a su madre para hablar sobre su comportamiento.

A su madre le preocupaban esas quejas frecuentes, porque en casa Luis era completamente diferente: un niño disciplinado y acomedido, dentro de lo que su edad permitía. Sin embargo, el profesor, por cualquier motivo, insistía en llamar a su madre e incluso llegó a amenazarla:

—Si no hace algo, no voy a recibirlo más en mi clase.

La trabajadora social de la escuela, casi obligando a la madre, canalizó el caso con un paidopsiquiatra, quien recomendó medicación inmediata. La madre, sorprendida e incrédula, no sabía qué hacer.

Decidió hablar con otras madres de familia para comprender mejor la situación. Pronto descubrió que no era la única: varias madres se quejaban del mismo profesor. Les reprendía de manera agresiva y perdía la paciencia cuando debía repetir las indicaciones, lo que lo llevaba a exaltarse enormemente. Los niños del salón coincidían en esto.

Finalmente, la madre de Luis se dio cuenta de que no era su hijo quien necesitaba ayuda, sino el profesor. Decidió no seguir las indicaciones del paidopsiquiatra. Aun así, no podía dejar de asombrarse: ¿cómo era posible que un profesor no tuviera la paciencia o la conciencia necesaria para tratar a casi todos los niños de su clase? Era algo que, simplemente, no podía concebir.

Cuento vigésimo cuarto

¿Obligación o disposición?

Dos hermanas, siempre juntas, trabajaban arduamente en las obligaciones del hogar sin complicarse por diferencias ni dificultades. Eran un buen equipo para coordinarse en sus actividades domésticas.

Cierto día, esperaban visitas muy gratas: amigas que hacía tiempo no veían. Comenzaron a preparar una habitación y alimentos para que todo estuviera listo, evitando cualquier imprevisto que las sorprendiera con la falta de algo. Tenían una fecha exacta para su llegada, así que no había prisa.

Sin embargo, la sorpresa fue que las visitas llegaron mucho antes, en horas en las que normalmente las hermanas atendían las tareas del hogar. Camila, gustosa de recibirlas, dejó el delantal, corrió a cambiarse y comenzó a conversar con ellas. Carmen, en cambio, se quedó atónita. Precisamente eso era lo que no quería que ocurriera: visitas llegando cuando no había nada listo.

A toda prisa, Carmen se afanó en terminar las tareas pendientes, mientras Camila compartía anécdotas recientes y preguntaba sobre el viaje. La indignación de Carmen creció al ver cómo su hermana, tan libre y despreocupada, se encontraba disfrutando mientras ella hacía todo el trabajo.

Finalmente, no pudo callarlo más y lo evidenció frente a sus invitadas. Una de las amigas le dijo:

—Carmen, ven un rato y únete. Deja que las obligaciones se atiendan solas. Nunca se terminan, y nosotras sí tenemos que terminar nuestro viaje pronto. Ven a disfrutar que hoy estamos todas reunidas.

Cuento vigésimo quinto

¿Hombre o mujer?

Jany Ann, de 18 años, tenía un nombre que cualquiera asociaría con una mujer, pero su forma de actuar y de vestir reflejaba un perfil más masculino. Ni siquiera ella misma sabía cómo definirse: algunas veces se identificaba como «ella» y otras como «él».

Su madre, ocupada en el comercio ambulante para sostenerse y mantener a sus otros dos hijos, no tenía tiempo para prestar atención a los problemas de Jany Ann.

Mientras tanto, Jany Ann vivía en confusión. Buscaba descubrir quién era o qué quería ser, divagaba entre sus pensamientos y emociones. Tenía una novia de 23 años, definida como homosexual, que ocupaba el rol femenino en su relación, mientras que Jany Ann asumía el papel masculino. Sin embargo, sus dudas no cesaban, lo que incomodaba a su novia. Esta última, molesta por las inseguridades de Jany Ann, trataba de convencerla:

—Somos la pareja perfecta —y la distraía, haciéndola reír.

Las calificaciones de Jany Ann en la escuela no eran buenas. Decía que quería estudiar sociología, pero lo más cercano en su ciudad era psicología, lo cual le gustaba, aunque no estaba segura de ejercerlo en el futuro. Muchas veces explotaba, desesperada, sin entender por qué se sentía así.

Su madre, aunque percibía que algo raro pasaba con ella, no sabía exactamente qué era. No estaba enterada de su preferencia sexual, pero algo en Jany Ann le resultaba extraño. De vez en cuando, le preguntaba:

—¿Estás bien?

A lo que Jany Ann respondía con silencio. Su madre, sin tiempo para indagar más, la dejaba en su mundo.

Finalmente, Jany Ann decidió por su propia voluntad pedir ayuda emocional. No sabía exactamente por qué, pero sentía que algo no estaba bien.

Cuento vigésimo sexto

¿Inseguridad o dependencia?

En cualquier momento, todos podemos experimentar inseguridades o temores por algo que pensamos que va a suceder. Otras veces, necesitamos algo o alguien que nos proporcione seguridad, como aquel personaje Charlie Brown con su mantita, que lo acompañaba a todos lados dándole confianza.

Algo parecido le ocurría a Alejandro. Había tenido momentos de inseguridad a lo largo de su vida, pero todo se agravó a raíz del estrés laboral. Empezó a sufrir crisis de angustia que se repetían también en casa.

Le contaba a su esposa lo que sentía, y ella intentaba tranquilizarlo:

—No es tan importante, no le prestes atención.

Por arte de magia, Alejandro lograba calmarse, dejaba de prestarle atención a sus pensamientos y seguía adelante. Pero al día siguiente, la inseguridad regresaba, especialmente cuando debía enfrentar el trabajo.

A raíz de todo esto, Alejandro comenzó a comer en exceso, especialmente alimentos con harina, lo que le provocó un aumento significativo de peso. Sus médicos le advirtieron que estaba obeso y debía seguir una dieta con un nutriólogo.

Esto solo aumentó su preocupación: ahora tenía que lidiar con dos problemas. Sentía que tenía doble trabajo: tranquilizarse y bajar de peso. Era difícil, pero siempre encontraba consuelo en su esposa, quien le devolvía la confianza en que todo estaría bien.

—Si por mí fuera —pensaba Alejandro—, me llevaría a mi esposa al trabajo y estaría con ella todo el tiempo.

Pero no era posible. Sabía que algo tenía que cambiar. ¿Qué? No lo sabía, pero entendía que debía dar el primer paso.

Cuento vigésimo séptimo

¿Malentendido o relación enfermiza?

Muchas parejas humanas enfrentan enormes problemas en su convivencia, al punto de optar por separarse o simplemente marcharse. Una de esas parejas era Joana y Miguel. En apariencia, convivían bien: Miguel pasaba la mayor parte del tiempo trabajando y Joana también, por lo que las pocas veces que coincidían, sus conversaciones se limitaban a temas superficiales y evitaban profundizar en lo que realmente les sucedía.

Ambos aprendían a entenderse a partir de lo que observaban, lo que les permitía convivir con tranquilidad. Sin embargo, en esos lapsos de convivencia, comenzaban a descubrir el temperamento del otro, lo que derivaba en discusiones por asuntos aparentemente banales.

Miguel se molestaba cuando Joana comentaba sobre sus diferencias en torno al significado de la amistad. Al tocar temas más profundos, Miguel rara vez daba razón a los argumentos de Joana; para él, lo que pensaba era lo correcto. Joana, por su parte, insistía en hacerle entender su punto de vista. Ninguno cedía, solo se conflictuaban y se molestaban. Después, dejaban de hablar del tema y continuaban con su relación.

El tiempo seguía su curso. Las peleas no eran frecuentes, pero siempre estaban presentes. Sin embargo, ninguno optaba por terminar la relación. Hasta la fecha, siguen juntos y continúan peleando. ¿Son simples malentendidos o quizá una relación enfermiza?

Cuento vigésimo octavo

El mal padre

En nuestras familias, solemos tener una figura a la que llamamos papá. Algunos no la conocen y otros sí. Generalmente, el padre ejerce niveles de autoridad en la familia y es considerado el proveedor, siendo menos cariñoso debido a la línea de autoridad establecida en la cultura occidental, aunque esto ha ido cambiando con el tiempo.

En una familia en apariencia normal, había un padre, una madre y sus hijos. La madre se encargaba de lo que culturalmente se le ha asignado: la crianza de los hijos y el mantenimiento del hogar. Los hijos, Mauricio y Omar, eran buenos estudiantes, casi ejemplares, aunque con un temperamento explosivo. Este carácter, sin embargo, no era casualidad, ya que su padre tenía un temperamento aún más fuerte.

Este padre solía tener episodios de cólera contra toda su familia, a quienes veía como un estorbo para alcanzar sus prioridades: ahorrar dinero y no «malgastarlo», como él decía. Año tras año, se quejaba de los gastos, criticaba el sabor de la comida, la tardanza en tener su ropa planchada o los ruidos que lo alteraban. Renegaba de todo. Los momentos que compartía con su familia estaban llenos de enojo y críticas destructivas.

Los hijos y la madre intentaban hacerlo entrar en razón, pero era casi imposible. Finalmente, cada uno optó por desaparecer de la casa cuando podían. El único que permanecía en el hogar era el padre.

Los hijos crecieron y se convirtieron en adultos, mientras que la madre envejecía, aunque seguía disfrutando de los buenos momentos junto a sus hijos. El esposo, por su parte, parecía no tener remedio. Los tres comprendieron que, aunque era difícil, él seguía siendo parte de su familia y había que sobrellevarlo. Nada fácil cuando se tiene un mal padre.

Cuento vigésimo noveno

¿Maldad o justicia conveniente?

La sociedad en la que vivimos ha tenido muchos brotes de violencia. Tal vez antes no nos enterábamos de ellos, pero ahora, gracias a los medios de comunicación y las redes sociales, estamos más expuestos.

Uno de los temas que ha llamado la atención en varias comunidades es el maltrato animal, especialmente hacia los perros, conocidos como «el mejor amigo del hombre».

Sack, uno de estos perros, tenía un día normal. Vivía con su amo, un hombre solitario, impaciente y renegado de la vida. Lo había encontrado entre los tiraderos de basura, y Sack decidió seguirlo hasta quedarse con él. No vivía en las mejores condiciones, pero al menos tenía un techo donde quedarse. La comida, Sack debía buscarla por sí mismo.

El amo de Sack trabajaba en el servicio de limpia municipal, pero se pasaba el tiempo peleando con compañeros y acumulando enemigos. Algunos de ellos, con intenciones de provocarlo, idearon un plan para meterlo en problemas.

En el vecindario había perros callejeros muy bravos y agresivos con cualquiera que intentara acercarse a su territorio. En ese mismo lugar, los niños jugaban sin imaginar el peligro que esos perros representaban. Los enemigos del amo de Sack comenzaron a alborotar a los perros, generando caos en la cuadra. Sack, aunque era feroz, no encontraba motivo para demostrarlo, pero decidió investigar lo que sucedía.

En medio del alboroto, una niña pequeña observaba asustada. Cuando lanzó su pelota hacia los perros, estos fueron tras ella. Ningún adulto lo notó hasta que se escuchó el llanto desesperado de la niña. Los vecinos salieron a rescatarla, pero fue demasiado tarde: la niña había muerto.

La familia, devastada, buscó al supuesto dueño de los perros. Los enemigos del amo de Sack señalaron que había sido él. Un tumulto se congregó afuera de su casa, exigiendo explicaciones. El hombre, molesto por el ruido y su impaciencia habitual, salió y negó todo. Pero el tumulto exigía justicia.

Cansado, el hombre tomó un arma y un lazo. Fue a buscar cualquier perro, le disparó, lo ató a la camioneta y lo arrastró por todo el vecindario. El tumulto, en aparente calma, quedó dividido entre quienes consideraban que se había hecho justicia y quienes estaban asustados por semejante crueldad.

¿Fueron realmente los perros los responsables de aquella maldad?

Cuento trigésimo

Ya sé que está mal

Algunos nos acostumbramos a nuestra forma de vida, otros no. Pero hay quienes viven con una rutina que les trae infelicidad y sufrimiento.

Matilde estaba casada con Juan, un hombre alcohólico y violento. Tenían una hija de 6 años, quien era maltratada por su padre. Cuando no era ella, era Matilde quien sufría los golpes. Aunque la violencia había disminuido ligeramente, solo lo hacía cuando las agresiones se volvían excesivas.

Un día, la niña dejó de tener apetito y solo quería dormir. Además, presentó problemas orgánicos con su esfínter. Matilde la llevó al hospital, exigiendo a los médicos que hicieran algo para que su hija volviera a sonreír y ser la niña alegre de antes. Los médicos hicieron lo posible, pero la niña regresó al mismo ambiente en casa.

La historia se repetía. La violencia continuaba, y la niña volvía a padecer los mismos problemas. Matilde regresaba al hospital, ahora también con heridas en el rostro, buscando atención.

—No veo que la niña mejore —les decía Matilde—. Sigue igual, y cada vez está peor.

Los médicos empezaban a sugerirle que la niña necesitaba otro tipo de ayuda. Pero Matilde no lo aceptaba. Solo quería que le dieran un medicamento para que la niña fuera alegre.

Trigésimo primer cuento

Falsedad e hipocresía

Cuando el ser humano empezó a buscar obtener beneficios, cualquiera que fuera, tuvo que enfrentarse a las propias sensaciones humanas de conveniencia y a cómo aparentar para lograr sus fines. Mariano, a sus 65 años de vida, siempre había querido ser abogado, pero su vida lo fue llevando a caminos complicados: sus tres divorcios, seis hijos, estudios estancados hasta preparatoria, su enfermedad mental de bipolaridad y pérdidas de trabajos constantes debido a esta.

Un día, logró colocarse en una empresa de uno de sus primos, quien lo toleraba por esa relación. Dentro de la misma empresa, se solicitaban también abogados para cuestiones empresariales, así que él empezó a estudiar la licenciatura en derecho. Llegó a terminar los años de estudio, pero no logró titularse.

Aun así, le dijo a su primo que ya estaba listo para trabajar como abogado. Su primo le dio la oportunidad, pero solamente cuando alguno de los licenciados no estuviera disponible. Sabiendo que no se había titulado, asignaron a otro licenciado para supervisarlo.

Mariano rogaba porque faltara un abogado para poder ocupar ese puesto. Mientras tanto, trabajaba en archivo ayudando a depurar papeles de convenios anteriores. Varias veces tuvo la oportunidad de ejecutar lo que hacía un abogado en esa empresa, pero desafortunadamente su carácter volvió a emerger. Su ego le nublaba la realidad y empezó a maltratar a los compañeros una vez que ejercía de abogado, lo que causaba molestia entre los demás, quienes recurrían a quejarse con su primo.

El primo lo veía tan dócil y normal que pensó que exageraban. Decidió preguntarle a Mariano al respecto.

—No existe ningún problema —respondió Mariano tranquilamente, mostrando una actitud dócil y amable.

Así que el primo confirmó lo que pensaba y obvió tales quejas.

Las quejas aumentaron y su primo decidió observarlo sin que Mariano se diera cuenta. Finalmente, constató lo que todos decían y lo relegó a su puesto original sin dar más explicaciones. Mariano, por un tiempo, no pudo seguir ocupando el puesto de abogado. Al principio se extrañó, pero luego empezó a conflictuarse con casi todos, incluyendo a su primo, sin entender por qué las cosas ya no eran como antes.

Trigésimo segundo cuento

Error o naturaleza humana

Los seres humanos bien sabemos que no somos perfectos y que tenemos enormes debilidades, como la comida, el sexo, la diversión, la infidelidad, etcétera. Muchas de estas debilidades nos causan problemas en la vida diaria, y lo peor es la problemática que generan con los que nos quieren.

Lilian está casada con Raúl desde hace ocho años. Tiempo atrás, habían planeado tener su segundo hijo, pero se habían detenido. En primer lugar, no tenían certeza de que el matrimonio duraría mucho tiempo más; luego, la situación económica no era tan estable como ahora, y finalmente, esperaban que su primer hijo tuviera más edad para poder atender al segundo.

La insistencia del segundo hijo había sido por parte de Raúl, quien finalmente la convenció. Así fue: se detectó el embarazo e inició el proceso de formación del bebé. En apariencia, todo marchaba bien, la rutina era normal para ambos y el entusiasmo crecía.

Sin embargo, empezaron a ocurrir situaciones extrañas para Lilian. Su esposo trabajaba cada vez más, llegaba tarde a casa y esto empezó a ser frecuente, hasta que dejó de llegar con la excusa de una enorme carga laboral. Algo inquietaba a Lilian.

—¿Has notado algo raro en mi esposo? —preguntó a una amiga que trabajaba con Raúl.

La amiga, algo incómoda, le respondió:

—Creo que está saliendo con otra mujer del trabajo.

Lilian, desencajada, decidió ir inmediatamente a la empresa donde laboraba Raúl y confirmó lo que su amiga le había dicho. Los observó juntos, con un contacto muy cercano, besándose de una manera que ni con ella alguna vez había ocurrido. Ninguno se percató de la presencia de Lilian. Ella irrumpió en llanto. Raúl, atónito, intentó explicarle, pero Lilian salió corriendo hecha un mar de lágrimas, como popularmente se dice.

Raúl corrió desesperado, pero lo cierto era que no había mucho que explicar. A partir de ahí, todo cambió para esa familia. Lo que era entusiasmo se convirtió en tristeza y desilusión. Raúl hacía un esfuerzo por pedir disculpas, reconocer su error y recuperar a su familia.

—No sé por qué lo hice —repetía constantemente—, pero te amo y quiero estar con ustedes.

Lilian, sin embargo, no logra creerle.

Trigésimo tercer cuento

Perversión o malentendido

¿Cuántas veces hemos oído sobre conductas inapropiadas en la sociedad? Hechos donde adultos corrompen a niños con diferentes delitos, desde el abuso sexual hasta la explotación. Son innegables las perversiones humanas, pero los malentendidos en cualquier familia también existen y generan dolor.

Adrián, un chico epiléptico de 19 años, con tratamiento médico y retraso mental, había sido educado por su madre como un joven normal. Ella hizo todo lo posible para que no se retrajera educativamente ni socialmente. Pero para Adrián no era fácil cumplir con las exigencias de su madre. Sus limitantes orgánicas no le permitían mayor fluidez, lo que generaba frustraciones constantes.

Un día, después de tanta presión, Adrián rompió en llanto y le reclamó:

—¿Dónde estabas cuando mi tío abusó de mí?

Su madre, desconcertada, quedó en shock. Días después, comenzó a notar comportamientos preocupantes en Adrián: buscaba tener tocamientos con algunos primos. Al ser descubierto, dijo que quería entender lo que su tío había hecho con él.

La madre, alarmada, lo llevó con un psicólogo y hasta la fecha sigue buscando asimilar lo sucedido.

Trigésimo cuarto cuento

Soledad autoimpuesta

Todos somos educados con diferentes exigencias: portarse bien, sacar buenas notas, evitar vicios, ser respetuosos, entre otros. Sin contar los roles sociales que debemos cumplir.

Ana, como muchos de nosotros, tenía sus propias exigencias y albergaba rencores pasados contra su madre, quien, a sus 86 años, aún le generaba conflictos. Ana aparentaba que no le importaba. Ya era bastante autosuficiente. Tenía dos hijas de un divorcio que le había costado el apoyo de su familia.

Ana no socializaba en el trabajo. Se limitaba a cumplir con su rol de secretaria y regresar a casa para atender a sus hijas. Aunque no lo expresaba, empezaba a sentirse sola. Le gustaría que su familia le preguntara lo más simple: «¿Cómo estás? ¿Te sientes bien? ¿Necesitas algo?». Pero no era así, ni ella lo hacía.

Su rutina le generaba angustia y tristeza, pero pensaba: «Así tiene que ser. Mejor sola que mal acompañada».

Trigésimo quinto cuento

Panteón o tumbas peligrosas

Muchos de nosotros nos impresionamos demasiado con los eventos de la muerte que suceden a nuestro alrededor y, más aún, cuando debemos asistir a un entierro o funeral. Yolanda era una de esas personas que se sugestionaba y angustiaba inmediatamente ante este tipo de situaciones. Su madre le repetía una y otra vez:

—¿Por qué te pasa eso si en la familia no hemos tenido todavía alguna situación de fallecimiento?

Sin embargo, cada vez que intentaba ir al panteón con su esposo para dejar flores a la madre de él, comenzaba a sentir falta de fuerzas y tenía que sentarse en algún lugar para no desmayarse. Las tumbas y el panteón se habían convertido en algo peligroso para ella.

Yolanda intentó superarlo sola, pero era un tormento solo pensar en ello. Decidió buscar ayuda en algún lugar de salud mental, donde recibió la atención necesaria. Fue ahí donde comprendió que, un año atrás, había vivido una situación cercana a la muerte durante su último parto, el cual fue muy complicado. Recordaba escuchar al equipo médico moverse desesperadamente mientras alguien pronunciaba:

—La paciente está por caer en paro cardíaco —eso fue lo último que recordó.

Esa experiencia necesitó mucho trabajo psicoterapéutico, pero lo logró. Hoy los panteones y las tumbas ya no son peligrosos para ella, y ha aprendido a enfrentarse al temor de todos: la muerte.

Trigésimo sexto cuento

Traiciones

La vida está plagada de emociones encontradas, aquellas donde el entusiasmo impera y donde el desánimo se origina. El ser humano alberga tanto emociones positivas como negativas. ¿Cuántas veces, entre las personas conocidas a lo largo de la vida, nos damos cuenta de deslealtades y traiciones?

Laura vivió algo así con su amigo Rodrigo. Desde la facultad, habían formado una mancuerna muy ágil para resolver cualquier tipo de dificultad. Ahora que ambos eran ingenieros agrónomos, buscaban conformar grupos de trabajo para adquirir más proyectos y contrataciones. Aunque Laura era quien manejaba mejor a las personas por su carisma, Rodrigo ambicionaba más.

En algunas ocasiones, él tomaba la iniciativa, y Laura se lo permitía e incluso lo apoyaba económicamente en algunos proyectos. Sin embargo, había otros grupos de competencia que no podían igualar el trabajo de Laura y, claro, Rodrigo también se beneficiaba de esto.

Un día, Laura tuvo que salir de viaje, como en otras ocasiones, para revisar proyectos. Sin embargo, al regresar inesperadamente a la oficina, vio a Rodrigo hablando con un ingeniero que pertenecía a la competencia. Desconcertada, decidió preguntar a uno de sus colegas si sabían algo al respecto.

Nadie quiso decirle nada hasta que uno, finalmente, le explicó:

—Rodrigo lleva tiempo reuniéndose con ellos. Incluso salió en una nota periodística al lado de ese grupo.

Laura quedó atónita.

Durante días meditó, revisando en qué había fallado para que sucediera algo así con alguien en quien creía tener una amistad sólida y leal. No encontró una razón exacta. Decidió no decirle nada y simplemente empezó a cambiar las actividades, dejándolo fuera del mundo que alguna vez compartieron.

Trigésimo séptimo cuento

Tristeza o depresión

Muchos de nosotros tenemos motivos distintos para entristecernos o no, y cada experiencia es igual de importante para quien la vive. No todos nos reponemos fácilmente de lo que nos sucede, aunque lo intentemos.

La muerte de una madre implica una falta irreparable: puede ser de cariño, atención, compañía o incluso una imagen imborrable del sufrimiento en el proceso de morir. Muchas personas no quedan satisfechas con lo que hicieron por sus padres en vida.

Mary era una de esas personas. Había perdido a su madre hacía ocho meses y llevaba ese tiempo sumida en una gran tristeza que probablemente se había convertido en depresión. Empezó a faltar el sueño, el apetito y la fortaleza para cumplir con su rutina diaria. Su esposo e hijos notaban los cambios, pero ella intentaba aparentar normalidad.

Sin embargo, no todo podía seguir así. Su necesidad de dormir durante el día se volvió cada vez más recurrente, y su esposo, preocupado, buscó ayuda profesional.

Trigésimo octavo cuento

Injusticias

La vida tiene un sinnúmero de facetas y, entre ellas, los problemas son los más notorios. Generan tensión emocional debido a situaciones externas y recrean ambientes de enfrentamientos que, muchas veces, no tienen solución.

Lulú vivió algo así con su jefe. Un tiempo atrás, tuvo que faltar al trabajo por motivos de salud. Sin embargo, la ingenuidad y la falta de precaución para asegurarse de justificar esas faltas le causaron dificultades. Al recuperarse, descubrió que tenía menos ingresos y faltas registradas como injustificadas.

Lulú aseguraba que había llevado los documentos necesarios y que, incluso, el médico del trabajo había consensuado con ella los días de reposo. Pero la administración fue tajante:

—No hay documento, no hay justificación.

Lulú, desconcertada, intentó buscar los documentos y reclamar lo que consideraba injusto. Logró recabar lo necesario, pero la respuesta a su reclamación fue nula. Nada fue reparado ni repuesto económicamente.

En su mente, no dejaba de pensar en la injusticia que había vivido. Aprendió que debía asegurarse siempre de revisar una y otra vez sus documentos para evitar que algo similar volviera a suceder.

Trigésimo noveno cuento

Final feliz

Los humanos buscamos extender los instantes felices y nos gustaría que fueran para siempre. Sin embargo, la felicidad se integra realmente por la parte filosófica del ser humano, aunada a los bienes materiales. Seguramente todos los que hoy leemos este libro, y muchos más, nos vemos reflejados en algo de lo que hemos vivido en alguna ocasión, lo cual nos ha permitido, a través de la lectura, asimilar mejor y reflexionar sobre la lección que podemos obtener de una simple redacción.

Todos seguimos en la búsqueda de la felicidad. Para unos, es crear una familia; para otros, tener un trabajo; para algunos más, obtener una calificación aprobatoria. En fin, cada uno busca y encuentra lo que anhela. A veces, nos enojamos tanto y lo vemos como injusto cuando no lo obtenemos. Nos comparamos con aquel o aquella, y amargamos nuestra existencia sin fijar la mirada en lo que sí tenemos. El deseo de tener lo que no poseemos nos pierde, y el tener en demasía nos ensoberbece el corazón.

¿Cómo medir el anhelo y encontrar la conformidad en lo que tenemos? ¿Será normal ambicionar y seguir buscando más y más? ¿Qué nos encadena más a este mundo: el dinero, el poder, la vanidad o el temor a morir?

Busca tu final feliz.

Dosis en nuestras vidas

Dosis de vida en la depresión

¿Realmente sabemos qué significa estar deprimido? En algún episodio de nuestra vida, nos hemos enfrentado a situaciones desfavorables: una retroalimentación negativa de alguien, malas calificaciones, días no tan buenos o, incluso, el clima. En esos momentos, solo queremos ir a la cama y deprimirnos.

La depresión es un trastorno mental caracterizado por un bajo estado de ánimo y sentimientos de tristeza, asociados a alteraciones del comportamiento, del grado de actividad y del pensamiento. Se produce por la interacción de factores biológicos, como alteraciones en nuestros neurotransmisores cerebrales; factores psicosociales; y circunstancias estresantes de la vida afectiva, laboral y de personalidad.[1]

Los síntomas que más nos agobian en la depresión son la falta de motivación y el pesimismo, sin dejar de lado la falta de apetito, los problemas de sueño y la pérdida de interés en la vida social y afectiva. La depresión no es un tema simple ni algo que deba tomarse a la ligera; es una enfermedad paulatina y progresiva.

Es muy importante iniciar un proceso psicoterapéutico personal, porque la reacción de las personas deprimidas se debe, en parte, a la falta de educación emocional y de reflexión. No es culpa de las personas mismas, sino del modo en que la sociedad nos ha enseñado a ignorar la tristeza y a no pensar en nada más.

La depresión representa un gran reto de empatía. Es fundamental que la persona cuente con una red de apoyo que la comprenda y un ambiente que le permita expresar su tristeza. De lo contrario, un entorno que añade presión, juicios y miradas críticas solo consigue atraparla más en esa depresión. La educación

---

1 El Servicio de Salud Mental del Hospital Escuela brinda acompañamiento integral a personas con depresión - Hospital Escuela de Agudos «Dr. Ramón Madariaga». https://madariaga. parquesaludmisiones.org.ar/el-servicio-de-salud-mental-del-hospital-escuela-brinda-acompanamiento-integral-a-personas-con-depresion/

emocional resulta más complicada de lo que se lee; comunicar lo que uno siente es difícil porque la mayoría no sabemos ni siquiera lo que estamos sintiendo.

Aquellos que están cerca de alguien con depresión deben hacer un doble esfuerzo: motivarlos a expresar lo que sienten y continuar buscando atención mental. No debemos esperar a sentirnos mal para acudir a los profesionales, sino desarrollar la conciencia de buscar ayuda.

Hace algunos años, decir que uno estaba deprimido no era algo que preocupara demasiado a las familias, mucho menos a los jefes o docentes. Hoy en día, la depresión se ha convertido en un mal común que puede padecer desde el menor en etapa escolar hasta el adulto mayor. Esto ha despertado el interés en distintas áreas del conocimiento por prevenir, tratar y curar esta patología del siglo XXI.

El cuerpo humano no reconoce la separación artificial que los profesionales médicos hacemos entre los padecimientos mentales y físicos. La mente y el cuerpo conforman una vía de doble sentido: lo que sucede dentro de la cabeza de una persona puede tener efectos nocivos en alguna parte del cuerpo, y viceversa.[2]

Los *millennials*, *centennials* y la generación Z forman parte de lo que se ha denominado la *generación deprimida*, debido a que registran las tasas más altas de ansiedad y depresión conocidas hasta ahora. La clave para salir de una depresión empieza hablando de aquello que, en tiempos pasados, era impensable comentar. No había oportunidad de expresar lo que nos hacía vulnerables. Gracias a esto, en la psicoterapia clínica se ha logrado la recuperación de muchas personas.

Nuestro objetivo como profesionales de la salud mental es fomentar enfoques más holísticos del tratamiento que ocupen de forma integral y simultánea al paciente, tanto en cuerpo

---

2   Las maneras tan devastadoras en que la ansiedad y la depresión afectan el cuerpo - Infobae. https://www.infobae.com/america/the-new-york-times/2021/10/06/las-maneras-tan-devastadoras-en-que-la-ansiedad-y-la-depresion-afectan-el-cuerpo/

como en mente, propiciando una técnica que llamamos *reveri* (dosis de vida).

Habla con tu médico o psicoterapeuta si notas que pierdes arraigo a la vida. Buscar mejores opciones y convivir con la depresión no es fácil, pero podemos practicar algunos consejos:

1. Admitir que no estamos bien, que nos encontramos deprimidos y sin ánimo para sobrellevar las rutinas.
2. Establecer una rutina modificada en el estilo de vida.
3. Desafiar los pensamientos pesimistas, identificándolos y comparándolos con lo que realmente sucede.
4. Mejorar el ciclo de sueño, generando modificaciones en la rutina de descanso.
5. Encontrar un servicio de apoyo, un espacio donde puedas hablar de aquello que te hace vulnerable; es altamente recomendable que sea con un psicoterapeuta clínico, quien podrá guiarte en el proceso de recuperación y ayudarte a desafiar la depresión.

Con lo anterior, podremos dar los primeros pasos para resolver la depresión, un día a la vez, celebrando pequeñas victorias. Lo importante es volver a mirar tus días y tu vida con más cariño y caminar en busca del equilibrio. Hoy, en esa caminata, nos acompañamos del profesional. No debe darte vergüenza; por el contrario, ganarás confianza al saber que no estás solo en la lucha.

Algunos de mis pacientes rehabilitados emocionalmente han logrado controlar y minimizar su depresión. Hoy suelen decirme:

—Sin depre, doc, sin depre.

Vivir para mejorar, vivir con salud mental.

Dosis de vida en los olvidos

Olvidar no es malo. De hecho, es necesario y beneficioso. Imaginemos que pudiéramos recordar cada minuto y cada detalle de nuestra existencia: seguramente sería insoportable y poco efectivo cuando quisiéramos recuperar una información concreta. No hay nada extraño en olvidar ocasionalmente fechas señaladas o cometer errores puntuales en actividades rutinarias. Nos pasa a todos. No debemos preocuparnos si somos plenamente conscientes de ello y no supone un problema para el desarrollo normal de nuestras actividades diarias.

Existen diferentes teorías del olvido y aproximaciones científicas que lo explican. Mencionaremos cuatro de ellas que tienen una causa psicológica y que resulta de nuestro interés conocer: el fracaso al evocar, la interferencia, el fracaso en el registro y el olvido motivado.

El fracaso al evocar es una teoría que señala que lo aprendido origina un nuevo trazo neurológico en la memoria, el cual, si no se estimula, decae, se debilita y puede desaparecer. Un ejemplo de ello ocurre cuando buscamos hacer una operación matemática que nos resultaba fácil de pequeños, pero ahora nos cuesta recordar cómo hacerla porque hace tiempo que no utilizamos esa información. Sin embargo, si queremos reaprender esa operación, será más fácil, ya que existen aún líneas de registro neurológico que reactivan ese aprendizaje pasado.

Nuestros olvidos o despistes tienen un mayor peso psicológico. El fracaso a la hora de recordar puede deberse a problemas o situaciones momentáneas. Por ejemplo, si estamos muy nerviosos, estresados o preocupados, el acceso a la información se puede bloquear. Probablemente, en un momento más tranquilo y calmado, la información se recupere con mayor facilidad.

La interferencia ocurre cuando algunas memorias compiten entre sí y nos generan confusión, lo que añade episodios de estrés psicológico y ocasiona interferencia retroactiva.

El fracaso en el registro es otra causa psicológica relacionada con el acto de recordar. Este ocurre cuando la información está enlazada con la motivación: si no prestamos gran atención a los datos o circunstancias, nuestros recuerdos no se almacenan en la memoria a largo plazo. Al no haber puesto suficiente atención, no generamos un registro proactivo.[3]

Por último, la teoría que más interesa en el ámbito psicológico es el olvido motivado. Nuestra conciencia tiene su dualidad: la inconsciencia. Los olvidos que participan en el inconsciente provocan la evitación de registros de informaciones perjudiciales para nuestro campo emocional. Es decir, los hechos perturbadores o traumáticos se minimizan para evitar un impacto emocional negativo a nivel neuropsicológico.

En el campo de la psicoterapia, a veces se trabaja para recuperar estas memorias reprimidas con el fin de tratar los síntomas psicológicos asociados a situaciones traumáticas o especialmente desagradables que se han vivido.

Nuestras recomendaciones ante los olvidos son:

- Concienciarnos de cuáles son las situaciones o circunstancias en las que más a menudo experimentamos estos olvidos.
- Decidir si los olvidos pueden conducirnos a negligencias importantes o no. Si no es así, no debemos preocuparnos demasiado, incluso podemos tomarlo con cierta dosis de humor.
- Hacer un esfuerzo consciente de prestar atención cuando no queremos olvidar algo importante.
- Utilizar algún tipo de señal que nos indique que ya hemos realizado una acción específica.[3]

---

3   La memoria y el olvido: ¿por qué olvidamos? https://blog.fpmaragall.org/memoria-y-olvido

- Acudir a psicoterapia si los olvidos empiezan a perturbar nuestra vida emocional o se convierten en una justificación frecuente para nuestros fracasos en la memoria.
- Si los olvidos son demasiado frecuentes, podría tratarse de problemas de memoria relacionados con el envejecimiento cerebral. En ese caso, será necesaria una revisión médica pertinente. La atención a nuestras necesidades físicas y psíquicas es la *dosis de vida* que nos permitirá seguir viviendo para mejorar y alcanzar una mejor salud mental.

Dosis de vida en el rol de cuidador

La labor de cuidar a alguien siempre implica dedicación y compromiso con aquel que depende de nosotros como cuidadores. Normalmente lo hacemos todos los días en la crianza de nuestros hijos o la supervisión de miembros de nuestra familia, incluso hasta con las mismas mascotas. Todos aquellos que están bajo nuestra responsabilidad requieren cuidado mientras se desarrollan las actividades laborales u otras circunstancias que impiden que estén bajo la tutela directa de quienes los necesitan.

Todos los elementos de la vida de una persona contribuyen a la configuración de su identidad, imagen de sí misma y autoestima, y cobran especial relevancia con el envejecimiento. Tener en cuenta la trayectoria vital de cada persona es fundamental en la provisión de cuidados.

El rol de cuidador se identifica psicológicamente como atención centrada en la persona, siendo un modelo en el que esta se sitúa en el centro de los cuidados que precisa recibir. Este modelo se basa en acompañarla, dándole los apoyos necesarios en el marco de su individualidad, respetando sus deseos y preferencias, y atendiendo a su biografía, identidad y trayectoria de vida.[4]

Hoy en día, hacemos uso de la psicogeriatría, que incluye todo lo anterior y donde se promueven cuidados narrativos basados en la atención al rol de cuidador. El objetivo principal es humanizar la relación o vínculo que se establece entre la persona que recibe el cuidado y el cuidador. Sin embargo, la exigencia que conlleva cuidar a personas dependientes origina un estado de agotamiento, tanto físico como emocional.

Cuidar de un familiar o conocido es una situación sobrevenida para la que nadie está preparado. La enfermedad llega y rompe planes previstos, tanto de la persona afectada como de los seres queridos próximos. El cuidador a menudo puede verse

---

4   Cuidados narrativos. https://blog.fpmaragall.org/cuidados-narrativos

tan desbordado por las circunstancias que relega a un segundo plano su cuidado emocional y físico. Nadie está preparado para afrontar una situación así, y muchas personas cuidadoras presentan síntomas de ansiedad o depresión.

A menudo pueden sentirse frustradas, con la sensación de no llegar a todo lo que tienen que hacer. La situación las absorbe de tal manera que muchas veces se ven obligadas a dedicar menos tiempo a sus hijos, pareja o amigos. Dejan de realizar aquellas actividades que les gustaban y les proporcionaban bienestar, lo que genera una gran sensación de falta de libertad. Consecuentemente, uno de los principales riesgos para el bienestar de quien cuida es caer en el aislamiento social.

En ese contexto, es frecuente que el cuidador perciba impotencia y rabia, así como que se sienta abandonado y empiece a notar que otros familiares se desentienden de la situación y de las necesidades de cuidado de la persona dependiente. No debemos olvidar la sensación de culpa que puede llegar a hacerse presente, al creer que no se está atendiendo suficientemente bien a su ser querido. Este conjunto de emociones, sensaciones y pensamientos puede desembocar en problemas psicológicos y físicos. Tanto es así, que cerca del 90 % de las personas cuidadoras presentan alguna afectación en su estado de ánimo.[5]

¿Qué podemos hacer? Conocer las necesidades de la persona que cuidamos, ya sea su enfermedad actual o las dificultades que enfrentaremos al cuidarla, ya sea un niño, un adulto o una persona de la tercera edad. Aprender a pedir ayuda cuando nos veamos rebasados por la carga y la prolongación del cuidado. Expresar lo que sentimos, incluidas las emociones negativas, y aprender estrategias de comunicación para modificar el entorno físico y humano del cuidador.

---

5   El «síndrome de la persona cuidadora quemada»: qué es y cómo evitarlo. https://blog.fpmaragall.org/sindrome-del-cuidador-quemado-que-es

Lo más importante es dedicar tiempo a nuestro autocuidado. Cuidarnos a nosotros mismos implica asumir nuestras propias responsabilidades y generar momentos para mantenernos saludables. Esa atención personal nos permitirá adquirir la dosis de vida necesaria para seguir viviendo para mejorar, vivir con salud mental.

Dosis de vida en la negación

Ante una situación de peligro o de riesgo, cualquier animal la resolverá de forma instintiva de dos posibles maneras: huirá o atacará.

Dosis de vida en mi bienestar emocional

El bienestar emocional es un estado de salud mental en el que una persona se siente bien consigo misma y con su entorno. Es un componente esencial de nuestra salud general, ya que refleja nuestra capacidad para manejar el estrés, mantener relaciones saludables, tomar decisiones efectivas y experimentar una vida plena y significativa.

Las emociones son mecanismos que nos permiten reaccionar rápidamente ante los eventos que ocurren en la vida diaria. Son impulsos automáticos que nos llevan a actuar según el entorno, y su misión es ayudarnos a adaptarnos a cualquier situación que enfrentemos.

Ahora bien, el bienestar emocional, según la Organización Mundial de la Salud (OMS), es un estado de ánimo en el cual la persona se da cuenta de sus propias aptitudes, puede afrontar las presiones normales de la vida, trabajar productivamente y contribuir a la comunidad. Las personas que tienen un buen bienestar emocional suelen ser conscientes de sus emociones, ya sean positivas o negativas; también pueden sentir estrés, ira y tristeza, pero saben cómo manejar estos sentimientos.

Asimismo, pueden distinguir cuándo pueden resolver un problema por sí solas y cuándo es necesario pedir ayuda profesional.

Hoy en día, existen muchas actividades que se pueden realizar para prevenir problemas relacionados con el bienestar emocional. Algunas de estas medidas incluyen:

- **Cuidar de su salud física**: llevar una dieta saludable, hacer ejercicio regularmente y dormir lo suficiente son importantes para mantener una buena salud física, que es fundamental para el bienestar emocional.
- **Dormir bien**: si logra dormir las horas que le corresponden, estará restaurando mente y cuerpo. Lo ideal es irse a dormir a la misma hora todos los días.

- **Practicar el autocuidado**: tómese el tiempo para hacer cosas que le hagan sentir bien.
- **Desarrollar habilidades emocionales**: aprenda formas de manejar el estrés para prevenir problemas emocionales.
- **Buscar ayuda profesional si es necesario**.

Algunos consejos adicionales para mantener el bienestar emocional incluyen rodearse de personas positivas. Las personas que nos rodean tienen un impacto significativo en nuestras emociones; pase tiempo con quienes lo hagan sentir bien y lo apoyen en sus actividades diarias. Planifique metas y trabaje para alcanzarlas, ya que esto puede generar la motivación que todos buscamos al despertar cada día.

La gratitud es otro aspecto importante: desarrollar el agradecimiento nos permite apreciar lo que tenemos en nuestra vida y genera sensaciones de motivación. Por otro lado, aprender a decir «no» también es clave. No es necesario cumplir con todo lo que nos piden; podemos seleccionar y elegir siempre.

El bienestar emocional es un activo valioso que debe cuidarse tanto como la salud física. Al prestar atención a ciertos pensamientos y emociones, buscar apoyo en el momento necesario y adoptar hábitos saludables, podrá tener una vida más plena y significativa. No subestime la importancia de su bienestar emocional; es la base de una vida satisfactoria.

Esto también aplica a los niños y a toda la etapa escolar. Es precisamente en este ámbito donde cobra más relevancia el agente de la salud mental, pues posibilita la oportunidad de acortar la brecha de desigualdad en la salud de los niños. Muchos estudiosos de la conducta sabemos que la salud emocional positiva del niño impactará en el desarrollo de su carácter y competencias personales, transformándonos en adultos con resiliencia —o sin ella—.

Lo importante es estar dispuesto a trabajar en uno mismo, buscar apoyo cuando sea necesario y ser amables con nosotros mismos a lo largo del camino. La psicoterapia puede ser una herramienta valiosa en este proceso, ya que brinda un espacio seguro para explorar las emociones y aprender a manejarlas de manera saludable. Si está en el camino hacia una mejor salud emocional, le invito a que siga dando pasos valiosos hacia ese bienestar. No necesariamente tiene que recorrer este camino solo; viva para mejorar, viva con salud mental.

Dosis de vida en un caso real

La adolescencia es una etapa única y formativa, pero los cambios físicos, emocionales y sociales que se producen en este período —incluida la pobreza, los malos tratos, la violencia, entre otros— pueden hacer que los adolescentes sean vulnerables a problemas de salud mental.[6]

Nuestros lectores han solicitado una consejería psicológica sobre un caso que hoy presentamos, sin acceder ni mostrar datos identificables de ellos. Solo mostraremos la temática y lo que podemos sugerir al respecto.

—Estimada doctora, le escribo pidiendo su consejo ante la situación que vivo con mis hijos. Tengo cuatro hijos de edades de 9, 10, 11 y 15 años. Ellos se han quedado sin padre y yo sin esposo. No sé qué hacer con ellos ni cómo manejar este, que dicen, duelo.

»Mis hijos lloran mucho, igual que yo. Mi esposo falleció en un accidente automovilístico; estuvimos en el hospital esperando que mejorara, pero los médicos nos avisaron que en cualquier momento fallecería. Llevamos unos nueve meses desde que esto pasó, doctora, y no podemos salir de esto.

»Tengo muchas cosas por resolver: la escuela de los niños, el dinero, la pensión de mi esposo, las pertenencias de él... Siento que esto es una pesadilla. No entiendo en qué momento sucedió, y no sé si puedo con esto. He tratado y sigo tratando, por mis hijos, de que salgamos adelante, solo que es una pesadilla.

Si bien hemos comentado que la preadolescencia y adolescencia confirman nuestra identidad, en estas edades de esta familia, con lo sucedido, tenemos una alta vulnerabilidad emocional que actúa como un mecanismo de reacción ante algo no

---

6   La salud mental de los adolescentes. https://www.who.int/es/news-room/fact-sheets/detail/adolescent-mental-health#:~:text=La%20adolescencia%20es%20una%20etapa%20de%20crecimiento%20y,la%20vulnerabilidad%20a%20los%20problemas%20de%20salud%20mental

planeado e inesperado. Desafortunadamente, llegarán emociones necesarias para vivir en esta familia y en muchas que presentan la pérdida de un ser muy querido e importante en sus vidas.

En estos primeros momentos, nos enfrentamos al choque inicial producido por la pérdida, seguido del decaimiento emocional causado por la pena actual, acompañado de alteraciones en el sueño. En estos momentos, cualquier miembro de la familia puede soñar con la persona fallecida. El proceso de recuperación emocional es largo, pero finalmente se logra encauzando la aceptación de la muerte de quien se ha ido.

Es importante que este sea un tema hablado entre quienes quedan, acompañando a los hijos en este proceso y permitiendo que alguien les dé el espacio para expresar el dolor y los pensamientos que surgen en esta etapa de readaptación de vida.

Estemos atentos a la aparición de signos de alerta, como un exceso de llanto durante periodos prolongados, rabietas frecuentes y prolongadas, insensibilidad y apatía, imitación excesiva de la persona fallecida con la intención de reencontrarse con ella, importantes cambios en el rendimiento escolar o el rechazo a asistir a la escuela.

Es fundamental vigilar que la resolución del duelo sea adecuada. En muchos casos, se recomienda buscar ayuda profesional para obtener una valoración más precisa y facilitar a todos la aceptación de la muerte, asesorándolos mejor en este proceso.

Algo muy importante para esta familia es mantener las rutinas y normas establecidas, de forma que no sientan que el mundo entero se desestabiliza y desorganiza. Este modo de actuar ayuda a conservar cierto orden dentro de la confusión que supone la muerte de un ser querido y contribuye a la estabilidad del preadolescente y adolescente.

Si la madre se siente demasiado afligida para atender a sus hijos, debe buscar una figura que pueda proporcionarles en estos momentos las atenciones que necesitan, mientras ella obtiene la recuperación emocional necesaria como figura de cuidado. No conviene deshacerse de objetos o recuerdos precipitadamente ni desprenderse por ahora de las pertenencias del fallecido.

En la sociedad actual, difícilmente se permite a los dolientes expresar su pena de forma natural. Amigos y conocidos de esta familia —y de otras— pueden escuchar atentamente e intentar consolarlos mientras retoman su rutina diaria.[7] Los duelos difícilmente se viven en soledad, y compartirlos es una gran ayuda para aliviar el sufrimiento. Lo que importa no es lo que la vida nos hace, sino lo que hacemos con lo que sucede en ella.[8] Vivamos para mejorar, vivamos con salud mental.

---

7   Yo amo a mi familia. Facebook. https://www.facebook.com/yoamoamifamiliapy
8   Libro sugerido: *La muerte de los seres queridos*, Lee C. Barcelona. Ed. Plaza, 1995

Dosis de vida en la familia disfuncional

Las familias disfuncionales fracasan a la hora de establecer dinámicas adecuadas. La familia es el núcleo de apoyo, protección y amor de forma incondicional. Es ahí donde adquirimos una visión del mundo y los valores, y donde todos adquirimos un sentido de quiénes somos y cómo debemos comportarnos. Para bien o para mal, los primeros vínculos que formamos en nuestra vida son en el entorno familiar.

En psicoterapia, la concepción de familia se entiende como un sistema que nos permite hoy en día modificar las pautas de interacción dentro de nuestras familias. Sin embargo, existen muchos sistemas familiares disfuncionales que establecen dinámicas perjudiciales para sus miembros. El problema es que, en muchas ocasiones, ninguno de los integrantes de la familia se percata de que estas dinámicas son dañinas. Así, si una persona crece en una familia disfuncional, esta experiencia deja una huella psicológica difícil de borrar.

Lo más notorio en estas dinámicas disfuncionales es la invalidez emocional, es decir, sentimientos de incomprensión, falta de empatía y respeto. El resultado es un ambiente caótico, desorganizado y violento. Los miembros de estas familias suelen presentar miedos o vergüenza para desarrollarse en el exterior, lo que los convierte en personalidades limitadas, destinadas a formar vínculos poco saludables.

Esto puede manifestarse en relaciones de pareja marcadas por la dependencia o, en el otro extremo, por la violencia, replicando patrones del núcleo de origen. En muchos casos, convivir en un entorno lleno de actitudes tóxicas puede llevar al desarrollo de trastornos del comportamiento.

Muchos de nuestros aprendizajes se producen a través de la observación e imitación. Por ello, es posible que aquellas personas que en su infancia sufrieron o presenciaron malos tratos perpetúen esas dinámicas violentas. La familia nos enseña habilidades básicas para desenvolvernos en la vida.

Gracias a ella, podemos adquirir normas, hábitos y costumbres que nos permiten construir nuestro propio proyecto de vida de manera organizada. Sin embargo, cuando alguien crece en un entorno disfuncional, estos aprendizajes no se producen. Esto dificulta la posibilidad de alcanzar una buena situación laboral y económica, así como relaciones estables con planes compartidos.[9]

En los niños que crecen en un entorno disfuncional pueden desarrollarse algunas conductas como las siguientes: rebeldía, sumisión ante otros en la escuela, pérdida de la niñez al asumir roles de adultos, timidez excesiva, manipulación y oportunismo. Sin duda, el entorno familiar marca la vida futura de los niños y, por ende, la de nuestra sociedad.

No obstante, también es cierto que cualquier niño puede decidir ser un adulto diferente a lo que vivió al crecer en una familia disfuncional. La mejor evidencia de ello se observa cuando un hijo de una familia funcional se convierte en un adulto con problemas conductuales o, por el contrario, un niño criado en una familia disfuncional se convierte en un adulto comunicativo, con relaciones asertivas y feliz.

Para que el desarrollo emocional de un niño sea adecuado, es importante tomar en cuenta lo siguiente: atender y cuidar al niño, generar un entorno seguro y estable que lo ayude a desarrollarse en todos los aspectos, y que se sienta parte de su familia. La clave está en tener un enfoque sano como familia y trabajar juntos en ello. Sin embargo, si esto no funciona, es necesario buscar ayuda profesional.

Por lo tanto, la principal característica de una familia funcional es que promueva un desarrollo favorable para la salud de

---

9   Familias Disfuncionales: ¿qué son y cómo afectan a los hijos? https://psicologiaymente. com/psicologia/familias-disfuncionales-que-son-y-como-afectan-a-los-hijos

todos sus miembros. Para ello, es imprescindible que existan jerarquías claras, límites definidos, roles bien establecidos, comunicación abierta y capacidad de adaptación a los cambios.

La estabilidad emocional y psicológica de los padres es fundamental para el buen funcionamiento de la familia y el sano desarrollo de sus integrantes. Iniciar un proceso psicoterapéutico familiar puede mejorar la vida emocional de los integrantes, ayudándoles a distinguir y manejar sus emociones. Los padres siempre serán el origen del apoyo socioemocional, y su forma de actuar influirá en los demás.

Este proceso puede abordarse mediante sesiones individuales y grupales, donde el entorno de la atención psicoterapéutica recupere aspectos mentales y físicos. De esta manera, cada individuo podrá alcanzar el bienestar y el equilibrio emocional, logrando esa dosis de vida que nos ayude a vivir para mejorar, a vivir con salud mental.

Dosis de vida en las redes sociales

Durante el confinamiento que tuvimos por la pandemia reciente, las redes sociales nos facilitaron la posibilidad de saber cómo se encontraban los demás. Desde conocer cómo estaban viviendo la cuarentena en otros países, hasta recibir algunas recomendaciones e ideas para mejorar la convivencia. Definitivamente, sin esta herramienta muchos se habrían sentido aún más solos y lejos de sus seres queridos.

A pesar de su gran utilidad, en los últimos años diversos estudios en el mundo, específicamente en Norteamérica y Europa, han encontrado que el uso desmedido de las redes sociales contribuye al aumento de síntomas y problemas de salud mental. Las redes sociales constituyen el espacio virtual donde todos interactuamos y desarrollamos relaciones.

Su uso, al incrementarse, ha ido acompañado de trastornos del sueño, ansiedad, depresión y el *bullying* cibernético o ciberacoso, que es cada vez más frecuente entre escolares, universitarios y adultos jóvenes. En este sentido, las redes sociales se han convertido en un espacio donde muchos descargan sentimientos de hostilidad y rechazo hacia otras personas, especialmente escudados en el anonimato, con poca o nula consecuencia inmediata por este tipo de comportamiento en línea.[10]

Ya se ha generado un síndrome de abstinencia digital como consecuencia del uso desmedido de las redes sociales (celulares, tabletas, computadoras, aplicaciones sociales, etc.), produciendo ansiedad ante la necesidad constante de estar conectado para mantenerse actualizado sobre lo que sucede a su alrededor. Esto genera una dependencia emocional hacia las publicaciones de amistades, provocando comparaciones negativas que incrementan aún más la ansiedad.

---

10   Internet y problemas de salud mental: cómo evitar sentirnos mal por el uso excesivo de redes sociales - EL PAÍS Uruguay. https://www.elpais.com.uy/bienestar/mente/internet-y-problemas-de-salud-mental-como-evitar-sentirnos-mal-por-el-uso-excesivo-de-redes-sociales

En la actualidad, Facebook, para los profesionales de la salud mental, se ha convertido en un motivo de alerta como posible generador de trastornos mentales. Esto se debe a que las actualizaciones, fotos, comentarios y grupos reflejan cómo las alteraciones mentales que atendemos muchas veces se originan en la creación de una identidad ficticia proyectada en estas plataformas, lo que genera adicción a mostrar algo que no compagina con la realidad (como las alteraciones en la imagen corporal). Esto, a su vez, provoca aislamiento social al priorizar el espacio digital sobre el mundo real.

Las redes sociales pueden acelerar el desarrollo de un trastorno psicológico o exacerbar uno ya existente. Aquí entra en juego la personalidad: una persona con déficit en habilidades sociales, locus de control externo bajo o problemas de comunicación tendrá una mayor predisposición a sufrir un trastorno depresivo. Además, estas personas pueden evitar insatisfacciones reales refugiándose en el mundo virtual, aunque este solo proporcione alivio temporal sin resolver los problemas de fondo.

¿Qué podemos hacer para evitar una adicción a las redes sociales? Toda adicción genera placer, lo que nos lleva a repetir el comportamiento. Lo mismo ocurre con el uso desmedido de las redes sociales. Para combatir esta adicción, podemos enfocarnos en lo siguiente: encontrar otras fuentes de disfrute personal, prestar atención al tiempo que pasamos en las redes sociales, evitar usarlas al despertar o al intentar dormir, establecer límites en su uso, desactivar las notificaciones, apagar el móvil mientras trabajamos o estudiamos y no tenerlo a la vista, ser selectivos con nuestros contactos y priorizar nuestras actividades diarias.[11]

Es importante reflexionar sobre su uso, especialmente en niños y jóvenes. Es necesario supervisar la cantidad de tiempo que pasan en línea y el tipo de material al que acceden. Tener

---

11 Redes sociales: detonante de ansiedad y depresión - Psicovivir Internacional. https://psicovivirinternacional.com/redes-sociales-ansiedad-depresion/

un mejor control de las redes sociales nos ayudará a mantener nuestra salud mental. Que el impacto de su uso sea una fuente importante de apoyo social y emocional ante cambios y desafíos sociales.

En términos generales, la clave para obtener una dosis de vida a través de nuestras redes sociales es aprender a gestionar correctamente el tiempo que les dedicamos y evitar convertirlas en nuestro único mundo. Probablemente, uno de los mayores desafíos a los que se enfrenta la psicología actual son los llamados «trastornos o adicciones tecnológicas». Nuestra mejor herramienta es la prevención emocional, no solo para nosotros mismos, sino también para nuestros hijos, mayores, parejas, alumnos o pacientes. En definitiva, vivir para mejorar, vivir con salud mental.

Dosis de vida al ordenar nuestra mente

Si queremos cambiar nuestra vida, necesitamos ordenar nuestra mente y seguir ciertos pasos para lograrlo. Ejemplos muy comunes: ¿regresar de vacaciones y volver a la rutina será posible con motivación? ¿Tener una buena convivencia será alcanzable? Seguro que has oído alguna vez eso de «si quieres ayudar a los demás, primero ayúdate tú». Y no le falta razón.

La vida está compuesta de rutinas y hábitos, desde los más pequeños e insignificantes hasta los más importantes. Todos los pilares de nuestra vida pueden tambalearse si los cimientos no son los correctos. Y esos cimientos se construyen esforzándonos todos los días, hasta que llega un momento en que actúan de manera natural. Por ello, tener orden en nuestra mente generará el orden necesario en nuestra vida, trayendo enormes beneficios.

Quien posee una buena educación de la voluntad es porque ha trabajado a fondo en el orden y la constancia. Si desde el inicio de nuestro crecimiento no aprendemos que existen límites y orden para hacer las cosas, seguramente nos costará más trabajo todo y tener un comportamiento adaptable. Por ello, hay cuatro puntos básicos que debemos tomar en cuenta:

- **La madurez psicológica** se adquiere paso a paso, a base de trabajo y de superar frustraciones. Si todo sale bien a la primera, no aprendemos, no nos frustramos y no lo volvemos a intentar. Por lo tanto, no generamos un aprendizaje real que nos permita sostenernos en la constancia y la perseverancia mental.
- **La ambición**, si está bien enfocada, es positiva. Resolver nuestras emociones fijándonos en dónde estamos realmente, con los pies en la tierra, sin querer demasiadas cosas y sin pretender logros imposibles, nos dará paz interior y exterior.

- **El tiempo** se dilata y parece avanzar más lentamente si no hemos implementado el hábito de recompensar el esfuerzo y la perseverancia. Debemos ser capaces de evitar la dispersión mental.[12]
- **Las pequeñas tareas** son, en realidad, las más grandes tareas emocionales. Poner dedicación en lo más simple nos enseña a esmerarnos en lo importante, dándonos calma y motivación para lograrlo.

Es necesario ponerle cordura a nuestra mente. Cuando hacemos un proceso de *coaching* o psicoterapia, gran parte del trabajo consiste en ayudar al paciente a ordenar su mente, salir de la confusión y volver a centrarse en el orden. Es algo parecido a aplicar la «magia del orden». Podemos comenzar con lo más básico: pregúntate por qué haces lo que haces y, después, quién eres. Identificarte a ti mismo es esencial, pues te dará claridad para ordenar tus objetivos de vida.

La clave está en participar en actividades que realmente te interesen y estar en los lugares donde realmente quieras estar. La solución es seleccionar las actividades más importantes o las obligatorias y descartar aquellas menos relevantes. Existe una palabra para definir esto: prioridad.

Permíteme que lo repita: solo hay una forma de organizarte para realizar bien tus tareas, y esa forma es priorizar. Este es un paso fundamental en nuestro crecimiento mental y nos permite gestionar el tiempo de manera que podamos discernir lo que realmente importa en nuestra vida. Reflexiona sobre esto: ¿cuántas de las cosas que haces diariamente son realmente importantes para ti? Te sorprenderá descubrir que muchas de las tareas que ocupan tanto tiempo apenas aportan algo valioso a tu vida y generan demasiado caos mental.

---

12   Tener nuestra vida en orden es posible con estos cuatro consejos del psiquiatra Enrique Rojas. https://www.larazon.es/lifestyle/tener-nuestra-vida-orden-posible-cuatro-consejos-psiquiatra-enrique-rojas_2024082166c615201dd4400001613497.html

Tómate un momento para sentarte contigo mismo y analizar todo lo que haces en tu vida. ¡Atención! Esto no significa que debas renunciar obligatoriamente a cosas que te gustan solo porque no sean prioritarias. Tu espacio personal también es vital. Un lugar limpio y ordenado es el mejor entorno no solo para trabajar, sino también para aclarar la mente y favorecer la concentración. Aunque las personalidades varíen, mantener un espacio organizado es un hábito que cualquier persona puede desarrollar si se lo propone. Lo mejor de todo es que esto aumenta nuestro bienestar interior y, por ende, nuestro bienestar emocional al máximo.

Quienes hemos dedicado nuestra vida al estudio de la mente y las neurociencias sabemos que nuestro cerebro obtiene una gran satisfacción al ordenar, ya que siente control y dominio sobre algo, empoderándonos internamente.

Este proceso nos ayuda a seleccionar positivamente nuestra conciencia y a desechar ruidos mentales, apegos innecesarios y emociones que nos afligen. Ordena tu mente y obtén los beneficios emocionales de llevar una vida organizada. Cuéntame cómo te va, y podremos hablar sobre ello. Verás cómo es posible vivir para mejorar, vivir con salud mental.

Dosis de vida en las lesiones cerebrales traumáticas

Las lesiones cerebrales traumáticas (LCT) son daños al cerebro causados por un trauma externo, como un golpe o una contusión. Estas lesiones pueden tener un impacto significativo en la función cognitiva, emocional y física del individuo. En el ámbito de la psicología y la neurociencia, un área de interés creciente es cómo el cerebro puede recuperarse o adaptarse tras una LCT, un fenómeno conocido como neuroplasticidad.

La neuroplasticidad se refiere a la capacidad del cerebro para reorganizarse, adaptarse y formar nuevas conexiones neuronales a lo largo de la vida. La comprensión de este proceso es esencial para desarrollar estrategias de rehabilitación neuropsicológica eficaces para aquellos con LCT, permitiendo mejorar su calidad de vida y recuperar funciones perdidas o alteradas.

Una lesión cerebral puede tener un impacto significativo en la vida de una persona, dependiendo de la ubicación, extensión y gravedad de la lesión. Es vital entender que cada cerebro es único y que pueden presentarse déficits cognitivos en áreas como la memoria, la atención, el procesamiento de la información, el razonamiento y la solución de problemas, lo cual tiene consecuencias en las alteraciones emocionales y adaptativas del individuo y, por ende, en su ambiente familiar.

Entre los cambios emocionales y de personalidad más comunes se encuentran la depresión y la ansiedad, que incluyen sentimientos persistentes de tristeza, falta de interés en actividades o preocupación excesiva. También es frecuente la irritabilidad o los cambios de humor, consecuencia de respuestas emocionales intensas o inapropiadas, así como la impulsividad, que lleva a actuar sin pensar en las consecuencias.

Antes de iniciar cualquier tipo de tratamiento psicoterapéutico, se necesita una evaluación exhaustiva para determinar las áreas afectadas y establecer un perfil neuropsicológico. Esto incluye pruebas estandarizadas, entrevistas y observaciones que permiten identificar las fortalezas y debilidades del paciente. Solo así se puede ofrecer una intervención emocional y conductual adecuada, con el apoyo de la psicoterapia, que ayuda a los pacientes a manejar los cambios emocionales, reducir síntomas de ansiedad o depresión y mejorar su equilibrio adaptativo.

Dado que las lesiones cerebrales afectan no solo al individuo, sino también a su entorno, es crucial que los familiares comprendan la situación, conozcan estrategias adecuadas para apoyar al paciente y sepan manejar los posibles cambios conductuales y emocionales. Nuestro objetivo final es que el paciente pueda reintegrarse a la sociedad. Esto incluye, entre otras cosas, volver al trabajo o la escuela y establecer una vida social activa.

En resumen, el tratamiento psicoterapéutico en las lesiones cerebrales es un proceso amplio y personalizado. En lugares especializados, se considera un abordaje integral y es esencial buscar el apoyo de profesionales que puedan ofrecer pautas y estrategias de rehabilitación específicas. No se trata solo de identificar un problema, sino de proporcionar herramientas para que la persona afectada pueda recuperar, en la medida de lo posible, su calidad de vida y autonomía.[13]

Sin dejar de lado la atención infantil en este tipo de lesiones, es importante señalar que estas implican mayor atención y profundización en el funcionamiento cerebral y psicoterapéutico. Este enfoque modula la conducta, entendiendo las particularidades del paciente, ya sea adulto o niño, y permite al psicoterapeuta identificar los momentos clave en cada uno de los procesos de atención, favoreciendo que el reaprendizaje y desarrollo se lleven a cabo de la mejor manera posible.

13   El papel del neuropsicólogo en lesiones cerebrales - Neuropsicólogo en Monterrey. https://neuropsicologomonterrey.com/lesiones-cerebrales/

Evaluar, tratar, rehabilitar, orientar e investigar son funciones esenciales de un profesional de la psicoterapia, disciplina que desempeña la ciencia conocida como psicología. Ante cualquier tipo de alteración a nivel cognitivo, emocional o conductual, es importante buscar la ayuda necesaria para continuar viviendo para mejorar, viviendo con salud mental.

Dosis de vida en la inteligencia emocional

Las relaciones interpersonales juegan un papel fundamental en la vida de los individuos, influyendo en la calidad de vida, la salud mental y el bienestar general. Diversos factores pueden afectar la calidad de estas relaciones, y la inteligencia emocional ha emergido como uno de los más importantes. La psicología ha empezado a reconocer la relevancia de la inteligencia emocional no solo en la autorregulación y la autoconciencia, sino también en cómo los individuos interactúan y se relacionan con los demás.

La inteligencia emocional, definida como la capacidad de reconocer, entender y manejar nuestras propias emociones, así como de reconocer, entender e influir en las emociones de los demás, puede ser un predictor crucial de la calidad y salud de las relaciones interpersonales.[14] Sin embargo, es necesario profundizar en el conocimiento de nosotros mismos para desarrollarla plenamente.

Alegría, nerviosismo, sorpresa, ira, calma, decepción… Gestionar la catarata de emociones que vivimos a diario no es fácil. Las emociones influyen en nuestro día a día, ¿se puede aprender a ser emocionalmente inteligente? La respuesta es sí, aunque no es sencillo ni se consigue de un día para otro. A continuación, te presento cinco elementos clave para empezar a trabajar en ello:

1. **Autoconciencia**: consiste en entender nuestras emociones e impulsos, así como las reacciones que provocan. Es el primer paso para transformar las emociones negativas en positivas.

2. **Autorregulación**: significa aprender a controlarnos. No se trata de reprimir emociones negativas como la

---

14 Influencia de la inteligencia emocional en las relaciones interpersonales - marcela guzman - Medium. https://medium.com/@guzmanmarcela477/influencia-de-la-inteligencia-emocional-en-las-relaciones-interpersonales-c279115962f6

ansiedad, la tristeza o la ira, sino de encontrar un equilibrio para no ser prisioneros de ellas.

3. **Automotivación**: las personas emocionalmente inteligentes destacan por su voluntad y fuerza para alcanzar sus objetivos. El optimismo es un requisito imprescindible para lograr metas.

4. **Empatía**: es la capacidad de entender al otro sin asumir sus emociones como propias. Es, probablemente, la habilidad más importante dentro de la inteligencia emocional.

5. **Habilidades sociales**: implica relacionarse de manera efectiva con las personas del entorno, buscando no solo el propio beneficio, sino también el de los demás.[15]

Ahora, reflexionemos sobre tu inteligencia emocional con un pequeño test. Aquí tienes algunas preguntas que te ayudarán a conocerte más a ti mismo. No tardarás más de 20 minutos en responderlas:

1. Leo a otras personas por sus expresiones.
2. No me pongo a la defensiva cuando me critican.
3. Manejo las retroalimentaciones de manera efectiva.
4. Me gusta preocuparme por los demás.
5. Estoy en mi mejor momento por la mañana.
6. A menudo me resulta difícil juzgar si algo es grosero o educado.
7. Intento no juzgar.
8. Puedo mantener la calma bajo presión.
9. Controlo el estrés y la ansiedad mientras persigo una meta.
10. Siempre me siento estresado cuando tengo algo que hacer.
11. No acepto las críticas en mi trabajo.
12. No me gustan los errores.

---

15 Inteligencia emocional | ¿Qué es y cómo desarrollarla? - Iberdrola. https://www.iberdrola.com/talento/que-es-inteligencia-emocional

13. Cuando cometo un error, intento resolverlo.
14. Siempre me guardo mis sentimientos.
15. Siempre trato de ocultar mis emociones.

Finalmente, es importante desarrollar nuestro «lenguaje emocional». Esto significa transmitir y compartir nuestras emociones con los demás para fortalecer nuestra inteligencia emocional. Empecemos a generar conexión emocional, desafiemos nuestros propios pensamientos negativos y examinemos nuestras creencias preguntándonos si son realistas y útiles.

Apliquemos estas prácticas principalmente en nuestras familias, con el objetivo de lograr metas personales y sociales. De este modo, alcanzaremos el propósito final de vivir para mejorar, vivir con salud mental.

Dosis de vida en la satisfacción laboral

La satisfacción en el trabajo es un elemento crucial que influye en la productividad, el compromiso y la continuidad laboral. Para que las personas se sientan satisfechas en su trabajo, realicen sus labores de manera eficiente y sean productivas, no solo necesitan un buen salario, sino también ser estimuladas cognitivamente y afectivamente, así como sentirse en un ambiente de competencia y autonomía.

Esto resulta especialmente importante en la actualidad, ya que muchas personas desempeñamos empleos que no necesariamente cumplen con nuestros objetivos individuales y de desarrollo. Con frecuencia, la mayoría de la población no ejerce la carrera que estudió, y si además trabajamos en algo que no nos agrada, entramos en un conflicto mental que resulta perjudicial tanto para los trabajadores como para las organizaciones.

El trabajo es una parte fundamental de nuestra vida, por lo que el bienestar laboral influye directamente en nuestro día a día. Por ejemplo, si estamos insatisfechos con nuestra ocupación, es más probable que esto afecte nuestras relaciones interpersonales, con la pareja o con los amigos.

El trabajo está estrechamente relacionado con nuestro desarrollo personal, y por ello, es fundamental reflexionar sobre lo que queremos en la vida y a qué deseamos dedicarnos. Una vez realizado este ejercicio de autoconocimiento, debemos luchar por lo que deseamos, porque solo vivimos una vez. Ser felices en el trabajo y en lo que hacemos es, sin lugar a dudas, una de las claves de nuestro bienestar general.

El clima laboral es otro factor importante para mantener el equilibrio en nuestras responsabilidades y mejorar nuestras relaciones con los superiores. Si bien el dinero no es el único factor al elegir un trabajo, sí es un aspecto crucial, pues vivimos en un mundo exigente y necesitamos cubrir nuestras necesidades básicas.

Además, cuando percibimos un salario inferior al que consideramos justo, es posible que nuestra satisfacción laboral disminuya. Por ello, una remuneración justa es esencial para disfrutar de mayor bienestar en el trabajo y, en consecuencia, de una mayor satisfacción.

Otro factor relevante para mejorar nuestra actitud positiva en el trabajo es la posibilidad de desarrollo. Podemos pasar muchos años en una empresa, y siempre es positivo tener oportunidades de crecimiento dentro de ella.[16] Además, sentirse útil en el empleo, formar parte de su dinámica y recibir reconocimiento por nuestro esfuerzo nos ayuda a mantener un equilibrio mental y emocional.

La satisfacción laboral también implica desarrollar un mecanismo mental que nos permita manejar el fracaso ante los cambios en nuestras condiciones de trabajo. Este mecanismo se traduce en exaltar nuestras habilidades y continuar desarrollándolas en contextos laborales o no laborales. Es clave estar abiertos al cambio para evitar caer en el fracaso emocional y, en cambio, generar aprendizaje y movimiento, adoptando la mentalidad de «si esto no funciona, seguiré intentando».

Nuestra regulación emocional es una pieza fundamental en cualquier ámbito de nuestra vida. En el trabajo, enfrentamos desafíos que nos ponen a prueba en cuanto a nuestras capacidades y habilidades, así como en nuestra inteligencia emocional. Cada uno de nosotros establece jerarquías internas en las que ubicamos nuestros deseos, intenciones y niveles de realización. Cuanto mayor sea la satisfacción que obtenemos de lo que hacemos, mayor será nuestro bienestar psicosocial.

Para los psicoterapeutas, este vínculo entre trabajo y satisfacción es un tema esencial que requiere un enfoque teórico y práctico. En este contexto, una psicoterapia enfocada en el

---

16 Satisfacción en el trabajo: 7 formas de mejorarla. https://psicologiaymente.com/organizaciones/satisfaccion-en-el-trabajo

factor humanista puede ser de gran ayuda, permitiéndonos integrar y resolver los problemas que enfrentamos en nuestra rutina laboral. Esto nos permitirá tomar mejores decisiones, mejorar nuestras resoluciones y continuar viviendo para mejorar, viviendo con salud mental.

Dosis de vida en la anorexia

La anorexia ha comenzado a ser un tema recurrente en la web, donde se generan preguntas y mensajes que, sin tener una base real, fomentan el desaliento entre quienes la padecen. Sin embargo, la anorexia nerviosa es una enfermedad reversible cuando se trata de forma adecuada.

Los trastornos alimentarios como la anorexia son alteraciones conductuales relacionadas con el acto de comer y la imagen corporal. Se ha transformado la moda en una idolatría hacia la delgadez. Cuando hablamos de este tema, solemos imaginar a un adolescente o adulto joven con un peso inferior al normal. Estas personas se ven impulsadas por un miedo obsesivo a estar gordas (aunque estén lejos de estarlo), lo que las lleva a realizar dietas estrictas y ejercicios excesivos para adelgazar.

En esta enfermedad se presentan altos niveles de angustia que obligan a la persona a retraerse socialmente, convirtiendo a la familia en un pilar fundamental para abordar el problema. La familia no es culpable de la enfermedad, pero ciertos factores pueden contribuir a generar estos niveles de angustia, como tener padres poco cariñosos, madres que sufren depresión, padres muy protectores o alcohólicos, familias excesivamente preocupadas por las formas sociales y la imagen, o madres que promueven dietas y estéticas exageradas.

La familia tiene la responsabilidad de transmitir actitudes y valores, así como de promover que los hijos dependan de ellos de una manera razonable. Endurecer excesivamente las normas o exigir demasiado son factores que pueden contribuir al desarrollo de la anorexia. Cuando la familia detecta el problema, es fundamental buscar ayuda profesional. Para ello, los padres deben trabajar unidos y brindar apoyo. La familia cumple una función mental muy importante, y su participación en el tratamiento familiar es clave una vez que se identifica el cuadro clínico.

> **Testimonio**: «Hubo muchos momentos en los que quise abandonar mi recuperación de la anorexia y tirar la toalla, pero gracias al gran apoyo de mi familia y de los profesionales, veía poquito a poquito la luz y comprendía que merecía la pena el camino hacia la curación. ¡Y vaya si merece la pena! Para mí, no solo fue un proceso de tratamiento, sino un aprendizaje para quererme y aceptarme (aunque me cuesta muchísimo)».

Es importante adoptar y mantener hábitos saludables, no solo en lo relativo a la alimentación, sino también en otros aspectos como la constancia en el número de horas de sueño, la práctica de actividades extracurriculares y la prevención desde casa. Esto incluye fomentar una adecuada relación familiar y un ambiente que favorezca el diálogo.

A continuación, algunas medidas para prevenir trastornos alimentarios en nuestros hijos, cuidándolos desde la infancia:

- Enseñar desde pequeños la importancia de seguir hábitos saludables, como mantener horarios regulares de comidas, evitar saltarse comidas y no picotear entre horas.
- Comer en familia siempre que sea posible, en un entorno apacible que facilite la conversación.
- Ofrecer verduras y frutas de forma variada.
- Fomentar la autoestima de nuestros hijos, animándolos a expresar sus opiniones y ayudándolos a razonar sobre mensajes relacionados con la estética, los cánones de belleza y la alimentación (como las dietas milagrosas y los productos dietéticos). Enseñarles a valorar la salud por encima de todo.
- Finalmente, la buena comunicación dentro de un entorno familiar puede ahorrarnos tiempo, esfuerzo y problemas

mentales, además de permitirnos generar una mejor calidad de vida. Ahora lo saben: vivamos para mejorar, vivamos con salud mental.[17]

17 Hábitos saludables para prevenir la anorexia, la bulimia y otros trastornos de la alimentación. https://www.seme.org/comunicacion/actualidad/habitos-saludables-para-prevenir-la-anorexia-la-bulimia-y-otros-trastornos-de-la-alimentacion

Dosis de vida en la amabilidad

La amabilidad es un término que ha sido analizado y conceptualizado en el ámbito de la convivencia social desde grandes filósofos como Santo Tomás de Aquino. Dentro de la psicología, la amabilidad se define como un rasgo de la personalidad y, en general, se considera una condición favorable, aunque no siempre es así. Ser amable tiene que ver con una actitud bondadosa y optimista hacia quienes nos rodean. Además, la amabilidad se asocia con un alto grado de empatía, pues las personas amables suelen priorizar los intereses comunes de forma altruista, evitar altercados y ser hábiles en la resolución de conflictos.

Cultivar la amabilidad hacia uno mismo no solo mejora el bienestar emocional, sino que también deja una huella profunda en nuestra salud mental. Numerosos estudios respaldan la idea de que practicar la autoamabilidad activa regiones cerebrales asociadas con el bienestar emocional. La corteza prefrontal medial, responsable del autoconocimiento y la autorregulación emocional, se activa con mayor intensidad cuando nos tratamos con compasión. Esta conexión sugiere que el simple acto de ser amable contigo mismo puede fortalecer áreas clave en tu mente.

La amabilidad hacia uno mismo también desempeña un papel crucial en la reducción del estrés. Al tratarnos con bondad, disminuyen los niveles de cortisol, la hormona del estrés. Esto no solo contribuye a una sensación general de calma, sino que también protege al cerebro de los efectos perjudiciales del estrés crónico, como la atrofia del hipocampo. En este sentido, ser amable contigo mismo puede actuar como un potente antídoto contra la ansiedad y la depresión.

El autodiálogo amable nutre la mente de manera única. La forma en que nos hablamos internamente afecta directamente la estructura cerebral, generando una mente más resistente y adaptable. Dado que la salud mental y física están intrínsecamente conectadas, la amabilidad trasciende ser un gesto emocional para convertirse en un factor que contribuye a una mayor vitalidad física y cognitiva.[18]

Cada interacción humana, ya sea con familiares, conocidos o extraños, nos concede la elección entre la amabilidad, la neutralidad y la falta de amabilidad. Sin embargo, la amabilidad fingida puede tener un costo emocional. Actuar amablemente hacia alguien por quien sentimos aversión puede perjudicar nuestra salud emocional. El esfuerzo emocional por mantener esa fachada puede resultar agotador y generar depresión. Por ello, es fundamental educar a las personas sobre cómo expresar opiniones y críticas de manera respetuosa, especialmente en nuestra era digital.[19]

Algunas sugerencias para practicar la amabilidad y fomentar una psicología positiva incluyen:

1. Elegir un día de la semana para ser especialmente amable.
2. Variar, mezclar y cambiar constantemente los actos de amabilidad.
3. Contribuir al bien común, generando una cadena de amabilidades.

En el mundo actual, donde la competencia y la agresividad parecen ser la norma, la amabilidad puede percibirse erróneamente como una debilidad. Sin embargo, lejos de ser una señal de flaqueza, la amabilidad es una verdadera fortaleza que puede tener un impacto significativo en diversos aspectos de nuestra vida.

Preservar la salud mental actuando con amabilidad, tanto hacia nosotros mismos como hacia los demás, nos aumenta el

---

18 La Poderosa Influencia de la Amabilidad Hacia Uno Mismo en el Cerebro - mentesabiertaspsicologia.com. https://www.mentesabiertaspsicologia.com/blog-psicologia/la-poderosa-influencia-de-la-amabilidad-hacia-uno-mismo-en-el-cerebro

19 Los Vínculos de la Amabilidad con la Felicidad: Un Análisis de la Ciencia Psicológica. https://noticias-psicologia.cpaaronbeck.com/2023/08/los-vinculos-de-la-amabilidad-con-la-felicidad-un-analisis-de-la-ciencia-psicologica/

sentido de vida y la satisfacción. Además, alivia la ansiedad y la depresión del día a día, fortalece nuestras habilidades para enfrentar desafíos y nos ayuda a desarrollar una mentalidad de crecimiento que permite aprender y mejorar continuamente.[20]

La amabilidad forma parte de la psicología de la personalidad en lo que llamamos los *Big Five*, siendo una de las piezas clave para construir un mejor mundo social y mental, y para mejorar nuestras reacciones emocionales en la vida diaria. No olvides que la amabilidad no es un «nice to have», sino un «must» que nos ayuda a vivir para mejorar, vivir con salud mental.

---

20   Ser amable: Impacto positivo en tu vida diaria | Selia. https://selia.co/es/blog/emociones/
      como-la-amabilidad-transforma-tu-vida-y-tus-relaciones/

Dosis de vida en ser feliz

«La felicidad no es lo que nos sucede, sino cómo interpretamos lo que nos sucede».[21] La felicidad es una garantía de longevidad, es vivir el presente superando las heridas del pasado y mirando con ilusión el futuro.

Estamos en un momento de la historia donde parece existir una obsesión por ser felices, con la ilusión de que hay atajos fáciles: disfruta esto y conseguirás la felicidad rápidamente. Pero la felicidad no es eso. La felicidad depende del sentido que cada uno de nosotros le damos a nuestra vida.

En nuestra sociedad hemos perdido ese rumbo, reemplazando el sentido de vida por sensaciones autodestructivas.[22] Por ejemplo, comemos en exceso o dejamos de comer. Todos nosotros, en algún momento, hemos librado una batalla interna por algún tema de nuestra vida, algo que nos preocupa y obstaculiza lo que llamamos «felicidad».

La sensación de soledad es un mal terrible para nuestra psique y refleja esa pérdida de sentido en nuestro proyecto de vida. Esto nos convierte en esclavos de síntomas físicos y psicológicos, haciendo que perdamos tiempo de vida. Sin embargo, cuando entendemos nuestro cuerpo y nuestra personalidad, se vuelve mucho más fácil enfrentar esta soledad. Podemos dividir los factores que influyen en nuestra percepción de la felicidad en tres grandes áreas:

1. **Nuestro sistema de creencias**: todos tenemos ideas preconcebidas sobre cómo debe ser la vida, cómo queremos que nos traten o cómo debería gobernarse el mundo.

---

21   Cómo aprender a ser optimista, según la gurú de la felicidad en España, Marian Rojas. https://www.vanitatis.elconfidencial.com/vida-saludable/2024-09-17/optimismo-aprender-guru-felicidad-marian-rojas_3958722/

22   ¿De qué depende tu felicidad? - Hola Montreal. https://holamontreal.com/de-que-depende-tu-felicidad/

Estas creencias, aunque nos dan estructura, también pueden limitarnos. Cambiar una idea profundamente arraigada puede ser tan difícil como darse contra un muro. Esta resistencia al cambio nos impide disfrutar plenamente de la vida.

2. **El estado de ánimo**: si estamos contentos, nuestra interpretación de las cosas es mucho más positiva. Sin embargo, si somos profundamente sensibles o desconfiados, estos rasgos afectarán nuestro estado de ánimo. Para ser más felices, es fundamental trabajar nuestra personalidad. Al hacerlo, automáticamente mejoramos nuestro estado de ánimo y la percepción de nuestra vida.

   Nuestro cerebro recibe constantemente una enorme cantidad de información a través de los sentidos, y especialmente presta atención a aquello que nos interesa. La fórmula mental es clara: debemos prepararnos, entender lo que nos sucede y estudiarnos a nosotros mismos, porque quien sabe, percibe mejor las oportunidades.

3. **La ilusión**: tener ilusión en la vida genera nuevas ideas y nos motiva. En psicología y psicoterapia, sabemos que una persona con voluntad puede llegar más lejos que alguien con solo inteligencia, porque su motivación incrementa su atención y concentración para lograr lo que le ilusiona. Tener un modelo de identidad en la vida es clave para alcanzar la felicidad.

   Este modelo puede ser alguien cercano, como los padres, o alguna figura que inspire valores. En mi caso, mis padres son mi modelo de identidad: ambos tienen una fuerza de voluntad excepcional. De ellos he aprendido el orden, la constancia y la perseverancia.

   Encuentra tu modelo de identidad para que puedas guiarte hacia una felicidad que te motive día a día. Es importante recordar que esculpimos nuestro cerebro en tiempo real según aquello a lo que prestamos atención, lo que determinará en gran medida nuestra calidad de vida emocional, intelectual y cognitiva.

Genera situaciones que te traigan cosas buenas. Encuentra tus propios mecanismos para superar las heridas del pasado y mirar con ilusión al futuro. La verdadera felicidad no está en el tener, sino en el saber ser, en esforzarte por trabajar en tu personalidad, en identificar de dónde proviene tu identidad y en encontrar aquello que te inspira.

Las personas felices somos aquellas capaces de liderar nuestras vidas, amar lo que hacemos, alcanzar éxitos sencillos sin superficialidad y hacer el bien a otros. Encuentra tus «vitaminas» emocionales y recupérate a ti mismo, devolviéndote la alegría de vivir, vivir para mejorar, vivir con salud mental.

Dosis de vida en hacer que te pasen cosas buenas

Normalmente, en la vida nos suceden imprevistos y diversas situaciones que nos ponen a prueba emocionalmente e implican desafíos mentales. Muchas veces parece que, cuando apenas estamos resolviendo un problema, ya nos encontramos enfrentando otra situación desgastante y negativa que exige ser solucionada.

Toda emoción viene precedida de un pensamiento; cada pensamiento genera un cambio mental y fisiológico. Si cambias tu manera de pensar, transformarás tu realidad. Sin embargo, necesitamos conocernos a nosotros mismos para atraer experiencias positivas. Muchos de nosotros reprimimos algunas emociones, especialmente la tristeza. Para algunos, llorar no está permitido porque «llorar no soluciona nada». Esa voz interna forja nuestra personalidad y puede generar la conocida ansiedad, relacionada con diversas enfermedades crónicas como la hipertensión, la diabetes o el cáncer.

Aprende sobre las emociones sencillas y complejas, e intenta identificar cuándo las sientes, cómo las experimentas y qué tanto te permites vivirlas. Todas las emociones son aceptables, deben vivirse y, afortunadamente, son pasajeras.

La salud emocional es un pilar importante para vivir más y mejor. La mente aporta lógica y coherencia a nuestras decisiones, permitiéndonos evaluar qué tan beneficiosa o perjudicial es una decisión que culmina en una acción. Esta acción debe estar alineada con lo que realmente buscamos para nuestra salud y bienestar, por lo que no debemos actuar sin haber pasado por todas las etapas de una toma de decisiones.

Por tanto, para atraer experiencias positivas, es necesario equilibrar percepción, emoción, lógica y acciones. Este enfoque aplica a todos los aspectos de la vida: relaciones, trabajo, finanzas, etc. Nunca olvides el orden: ojos-corazón-mente-acción. Ponlo en práctica y verás cómo tus decisiones estarán más alineadas con tus objetivos de vida, permitiéndote atraer experiencias positivas.

Cuando nos suceden cosas buenas, encontramos la felicidad. Como sabemos, todos intentamos descubrir el camino hacia la felicidad. Buscar experiencias positivas es parte de nuestra naturaleza innata, una función programada en nuestro código genético. Nuestro cerebro necesita dopamina para funcionar adecuadamente; este neurotransmisor es crucial para la motivación y el placer.

Cuando obtenemos dopamina de fuentes externas, como el reconocimiento de otros o adquisiciones materiales, experimentamos picos intensos pero breves de felicidad. Sin embargo, la dopamina derivada de la autoaceptación y la satisfacción personal resulta más duradera y estable. Este ciclo a largo plazo combate el ciclo de la ansiedad, ya que el cuerpo se acostumbra a sentir bienestar.

La vida es compleja y está llena de desafíos. No te conviertas en tu propio enemigo; ya hay suficientes adversidades afuera. Sé tu aliado más fiel y tu porrista más entusiasta. En un mundo donde las ganas de atraer cosas buenas son esenciales para la felicidad genuina, recuerda que todo implica esfuerzo y una construcción mental de aquello que buscamos.

Toma en cuenta algunos factores que ayudan a fomentar una mentalidad propositiva y a atraer experiencias positivas. Es importante brindar a nuestros hijos una educación de calidad, donde el aprendizaje familiar fomente la actividad intelectual y física, ayudándolos a mantener oxigenación en el cerebro y control sobre sus instintos, así como a liberarse adecuadamente de situaciones tóxicas. La salud mental es tan importante en adultos como en niños; no podemos ignorarla.

Evita un aislamiento social total, ya que es un factor de riesgo para las alteraciones mentales y el control emocional. Busca siempre un estilo de vida equilibrado, convirtiéndote en tu mejor amigo. No te dejes caer. Ponte frente al espejo y repítete palabras de aliento: «Tú puedes lograrlo». Todo lo que dices se lo cree tu cerebro, así que repite en voz alta: vivir para mejorar, vivir con salud mental.[23]

23   El mejor consejo para ser feliz- Grupo Milenio. https://www.milenio.com/opinion/ale-ponce/vive-mas-mejor/el-mejor-consejo-para-ser-feliz

Dosis de vida en la esquizofrenia

La esquizofrenia es un trastorno mental grave que, de acuerdo con la Organización Mundial de la Salud (OMS), afecta a las personas de manera que parece que han perdido el contacto con la realidad, lo cual resulta sumamente angustioso tanto para ellas como para sus familiares. Las manifestaciones de esta enfermedad suelen dificultar la participación del paciente en actividades cotidianas o habituales, como asistir a la escuela o mantener un empleo.

Por esta razón, es fundamental reconocer sus síntomas y consultar con un especialista a la mayor brevedad. El diagnóstico de la esquizofrenia implica descartar otros trastornos de salud mental y determinar que los síntomas no se deben al abuso de sustancias, medicamentos u otras afecciones. Por ello, los profesionales de la salud mental realizamos una serie de pruebas en pacientes con sospecha de esquizofrenia.

El tratamiento es de por vida y se basa principalmente en el uso de antipsicóticos. Durante los períodos de crisis o síntomas graves, puede ser necesaria la hospitalización para garantizar la seguridad, una alimentación adecuada, suficientes horas de sueño e higiene básica.

Es importante recordar que los trastornos mentales, sin importar su gravedad, deben ser diagnosticados exclusivamente por profesionales de la salud mental. Automedicarse bajo cualquier circunstancia está totalmente contraindicado.[24]

El desarrollo de herramientas para enfrentar la esquizofrenia puede reducir significativamente los desafíos asociados con esta afección, tanto para las personas que la padecen como para sus seres queridos. Vivir una vida plena y positiva con esta condición es completamente posible. Afrontar la esquizofrenia

---

24 Esquizofrenia: ¿qué es y cómo puede detectarse este trastorno mental? https://www.eltiempo.com/salud/esquizofrenia-que-es-y-como-puede-detectarse-este-trastorno-mental-3374133

implica aprender y experimentar con nuevas estrategias, y establecer un sistema de apoyo sólido puede ser clave. Este sistema puede incluir amigos, familiares, compañeros de trabajo, animales de compañía u otras personas con quienes el paciente se sienta seguro.

Asimismo, los grupos de apoyo específicos para la esquizofrenia pueden servir como un canal para expresar emociones de manera menos abrumadora. La psicoterapia es una herramienta altamente efectiva para procesar emociones y combatir pensamientos negativos. Además, el cuidado personal es invaluable cuando se trata de regular las emociones. Las personas con esquizofrenia pueden enfrentar dificultades para mantenerse al día con las tareas cotidianas, por lo que un apoyo constante es esencial.

Los episodios de psicosis, caracterizados por un desapego de la realidad, suelen surgir como un síntoma de esquizofrenia. Durante estos episodios, la persona puede experimentar delirios (creer en cosas que no son reales) o alucinaciones (ver y escuchar cosas que no existen). Detectar estas señales de advertencia, ya sea por parte del propio paciente o de sus familiares, permite implementar estrategias para superar cada episodio. Familiarizarse con la enfermedad ayuda a contrarrestar sus efectos adversos.

No tomar los medicamentos prescritos ni asistir a las sesiones de psicoterapia puede provocar recaídas. Es fundamental continuar con el tratamiento y mantener el apoyo familiar. Las señales comunes de una recaída incluyen el aislamiento social, pérdida de interés en las actividades, olvidos frecuentes, dificultad para concentrarse, soñar despierto y falta de atención a lo que ocurre alrededor.

La intervención temprana puede mejorar significativamente los síntomas de la esquizofrenia en niños o adolescentes. Es crucial evitar situaciones de conflicto familiar, ya que estas pueden ser un factor estresante que influya de manera contraproducente en la evolución de la enfermedad. No es recomendable adoptar una actitud de sobreprotección excesiva ni de pasividad hacia las personas con esquizofrenia.

Una recomendación importante es no contradecir ni dar la razón al paciente cuando aparecen los síntomas psicóticos. En su lugar, es mejor explicarle que se entiende cómo se siente y que, por ese motivo, se le quiere ayudar a retomar su tratamiento médico o, si es necesario, acudir a los servicios de urgencias.

La aceptación de la enfermedad es clave para desarrollar una esperanza realista tanto para quienes la padecen como para quienes participan en su cuidado. De este modo, es posible enfrentar la enfermedad y mejorar la calidad de vida, motivándonos a vivir con salud mental y bienestar.

Dosis de vida en el autismo

El trastorno del espectro autista varía mucho en síntomas y gravedad, lo que puede dificultar su diagnóstico. Lo cierto es que no hay cura para este trastorno y no existe un tratamiento único para todos los pacientes. Son varios los tratamientos que, a día de hoy, se emplean con personas autistas, sean niños o adultos.

El autismo fue reconocido formalmente a principios de los años 40 por el austriaco Leo Kanner, quien empezó a observar los síntomas del autismo como aislamiento, problemas de lenguaje, comunicación limitada o la obsesión por la invarianza del ambiente. La definición del autismo sigue siendo controvertida; hoy se agrega el término trastorno del espectro autista (TEA), donde incluimos los estudiosos de las neurociencias subtipos de este, incluyendo el síndrome de Asperger (TEA grado 1).

En cuanto al género, 4 de cada 5 personas del género masculino presentan este trastorno. En las mujeres mayormente identificamos discapacidad intelectual. Psicológicamente, conocemos el autismo como un síndrome con carencias y excesos de ciertas conductas. Aunque existe una base neurológica, las conductas son susceptibles al cambio gracias a la interacción de un entorno programado.

Psicoterapéuticamente hablando, nuestros objetivos en los pacientes autistas son, primero, desarrollar las competencias comunicativas que les permitan comprender mejor a los otros y dar sentido a su adaptación, así como lograr estabilidad emocional. Los resultados se mantienen en años de seguimiento.[25]

Cuanto antes empecemos la intervención (antes de los 4 años), mayores son las posibilidades de una integración a escuelas ordinarias, sin dejar de lado la enorme participación que tendrá que autoexigirse la familia en la construcción de la atención

---

25   Tratamiento psicológico para el autismo - La Mente es Maravillosa. https://lamenteesmaravillosa.com/tratamiento-psicologico-para-el-autismo/

compartida que se requiere, así como en continuar con el desarrollo de las habilidades de iniciación comunicativa.

Las recomendaciones para los padres incluyen conocer lo que implica tener un hijo o familiar autista, comprender sus características y vigilar la formación de sentimientos emocionales contradictorios o la tendencia a sentirse responsables de lo que sucede con este miembro de la familia que necesita más atención de lo normal.

En cuanto a la medicación y los comportamientos repetitivos, esta no tiene efectos inmediatos sobre ellos, pero sí facilita la relación obsesiva y repetitiva que aparece a menudo en el juego. Se entiende que, como padres, es difícil tomar la decisión de medicar a un hijo. Por eso, es importante hablarlo con el profesional de salud o el psicoterapeuta, para que puedan explicar los pros y contras de los diferentes fármacos y lo que se puede lograr en conjunto con la psicoterapia.

La prevalencia de las condiciones del espectro autista ha ido en aumento en las últimas décadas, aunque esto no se ha reflejado en el incremento de la investigación clínica. Actualmente se cuenta con evidencia insuficiente para brindar mejores opciones para estos pacientes. Sin embargo, seguimos adaptando psicoterapias que apoyen las necesidades del autista y podamos aplicar una correcta implementación profesional.

El manejo de las emociones en los niños con autismo es prioritario y requiere una estrecha colaboración en la parte educativa y familiar para mejorar su calidad de vida y su desarrollo en todas las áreas. Es probable que ocurran reacciones agresivas o autolesiones ante la frustración del niño autista y el estrés de estar en un ambiente que no comprende y en el que no puede hacerse entender de manera rutinaria.

La psicoterapia más adecuada para alguien autista es aquella que muestre beneficios tanto en él como en su familia, donde se atiendan las necesidades del niño y de sus familiares para que puedan desarrollar una mejor adaptación.

La psicoterapia en el paciente autista debe ser gratificante. Si no desea asistir, no lo obligue, ya que sin motivación, participación e interés no hay aprendizaje. Los aprendizajes deben ser funcionales, es decir, que mejoren su día a día y le sirvan en su vida adulta, además de ofrecer formación para sus familiares. No olvide que usted es quien mejor conoce a su hijo/a; por lo tanto, nadie mejor que usted para decidir la psicoterapia ideal y que lo promueva a vivir para mejorar, vivir con salud mental.

Dosis de vida en la personalidad

Es mucho lo que hemos oído hablar de personalidad, el cómo nos distinguimos de otros por lo que pensamos, hacemos, pero sobre todo por cómo nos identificamos en el mundo social, lo que vestimos en específico los colores que utilizamos.

La psicología del color conecta los colores con las emociones y el comportamiento. Nuestra manera de vestir aunado a los colores que usamos da una serie de características distintivas de nuestra imagen personal, pero sobre todo de nuestra identidad y carácter que se van reflejando a través de la elección de tonos en la ropa.

Cada color tiene un significado, y por ello debemos saber que el efecto del color en la percepción y la conducta humana desde el punto de vista de la psicología contemporánea produce efectos emocionales que nos autogeneramos y extendemos al sentir de los demás. Los colores son percibidos por los seres humanos a través de su sistema sensorial por lo que varía de persona a persona, hay un componente subjetivo.

Además, existen ciertos códigos culturales que agregan significados y simbolismos específicos a cada color. Para los estudiosos de la psicología la herramienta del color nos provee herramientas en los mecanismos mentales y en la personalidad donde aplicamos los colores en los sentimientos y la razón.[26]

Pese a que los colores son consideramos de forma subjetiva y cultural conoceremos en breve los colores más utilizados por nosotros y que mentalmente influyen en automático al usarlos:

- **Rojo:** tiene una enorme carga emocional, nos habla de intensidad en lo que pensamos y hacemos

---

26 ¿Qué tanto los usa? Estos son los colores que más utilizan las personas inteligentes, según psicóloga. https://www.eltiempo.com/cultura/gente/que-tanto-los-usa-estos-son-los-colores-que-mas-utilizan-las-personas-inteligentes-segun-psicologa-3388280

- **Azul:** se asocia con lo masculino y es muy asociado a sentimientos de tristeza.
- **Amarillo:** se relaciona mucho con la alegría.
- **Naranja:** se relaciona con la juventud o sentirse de ese modo.
- **Verde:** muy relacionado con la sanación emocional.
- **Morado:** lo femenino.
- **Negro:** asociado a lo negativo.

Los colores son capaces de evocar múltiples significados y emociones en el ser humano. Además, conocer el significado que se otorga a cada uno de ellos puede ser útil en elegirlos dependiendo lo que pensemos y sintamos.[27] La conciencia trabaja mucho con el colorido externo de cada proyección social que hagamos y es fundamental para el bienestar emocional. La arteterapia surge precisamente de esto, relación entre color y emociones. Se ha convertido en una herramienta psicoterapéutica muy útil en propiciar un equilibrio emocional.

Lo cierto es que los colores tienen gran influencia en nosotros pero no determinarán lo que es nuestra personalidad, nos dan señales mentales de quien está enfrente de nosotros pero la verdad emocional está asignada en las formas y modos de dirigir nuestra vida, si la adornamos con algún tono que nos pueda recordar lo que buscamos en nuestra vida sería bueno reutilizarlo cuantas veces sea necesario, humanamente lo que nos haga sentir bien es el mejor color empleado en vivir para mejorar, vivir con salud mental.

---

27 Psicología del Color, Qué Es y Significado de Colores. https://www.unobravo.com/es/blog/psicologia-del-color

Dosis de vida en los mentalmente agotados

El cerebro humano no está diseñado para realizar múltiples tareas a la vez de manera efectiva, el intentar hacerlo como muchos lo intentamos nos genera un coste alto, mayor estrés, falta de concentración y a medida que lo sigamos empleando un desgaste mental profundo.[28]

Vivimos en una era marcada por el cansancio mental, el estrés y la preocupación constante. La sociedad moderna no nos da el *timing* para recuperarnos y nos exige más y más cada vez. Las grandes locuras mentales suceden a medida que no tenemos ese orden mental no tanto por no hacer sino por dejar de hacer.

Las multitareas que todos hacemos día a día parece que es un mal hábito mental y cerebral, es perjudicial para nuestra salud y nos desgasta cerebralmente alterando nuestra toma de decisiones, y, sobre todo, el control de nuestras emociones.

Este desgaste genera un agotamiento mental que se acumula a lo largo del día, reduciendo nuestra capacidad de ser pacientes, atentos y efectivos. La multitarea, lejos de hacer que resolvamos más cosas en menos tiempo, divide nuestra atención y nos obliga a alternar entre tareas, lo que requiere más energía y disminuye nuestra productividad.

La fatiga mental es muy complicada retirarla en psicoterapia no es algo sencillo a lo que anteriormente hemos mencionado, ya existe desgaste cerebral y habrá que empeñarnos en rehabilitar nuestra sensación de fatiga mental retirando muchas interacciones físicas, así como redes sociales, ruido, estrés, y sometiéndonos a descansar para volver a proveernos de energía mental.[29]

---

28 Cuál es el hábito diario que hace que las personas acaben mentalmente agotados, según psiquiatra. https://www.eluniversal.com.mx/tendencias/el-habito-diario-que-hace-que-las-personas-acaben-mentalmente-agotados-segun-psiquiatra/

29 Cuál es el hábito diario que hace que las personas acaben mentalmente agotados, según psiquiatra. https://www.eluniversal.com.mx/tendencias/el-habito-diario-que-hace-que-las-personas-acaben-mentalmente-agotados-segun-psiquiatra/

Recargarnos mentalmente además de asistir a alguna psicoterapia requiere incorporar hábitos saludables para que reconquistes tu vida no la vida a ti. Te sugiero algunos que puedes empezar a emplear:

- Delegar tareas que no son urgentes para otras fechas u otros momentos.
- Evitar o limitar las siestas. Cuando se sienta agotado es posible que desee dormir demasiado, pero necesitamos el descanso reparador que únicamente sucede por la noche.
- Salir al aire libre, realizar alguna actividad física mejora nuestro estado de ánima, no tiene que ser exhaustiva.
- Elija alimentos saludables y beba mucha agua. Cuando se sienta deprimido, puede optar por alimentos reconfortantes en carbohidratos y grasas. Pero una dieta equilibrada es mejor para tu salud mental.
- Haz un descanso en tu agenda. Unas vacaciones son ideales, pro periodos de tiempo más cortos pueden ayudar, ejemplo, tómese una hora completa para usted.
- Practicar la gratitud, esta acción favorece en el combate de los pensamientos negativos que probablemente experimente cuando se sienta agotado emocionalmente. Tómate un minuto para tu gratitud a ti mismo.

Si no obtienes el alivio que necesitas esto, si necesitamos la ayuda de un profesional, ya que los signos de ese agotamiento han rebasado los límites mentales y han instalado algún otro asunto a tratar. Empecemos con nuestro drenaje mental y sigamos viviendo para mejorar, vivir con salud mental.

Dosis de vida en recuperar la calma mental

No hay mejor medicamento mental que recuperar la calma. Los filósofos griegos se percataron desde hace mucho de ello y estudiaron a fondo estrategias para devolver la calma y la paz a la mente. Nos asustan más las cosas que vamos percatando en nuestra vida que lo que realmente nos hará sufrir.

A menudo, sufrimos más en nuestra imaginación que en la realidad, nos ponemos en modo infeliz antes de la crisis por venir, aunque debemos saber que hay muchos de esos peligros que nos hacen palidecer con su amenaza y que lo más probable es que nunca ocurran.

Hace más de 2000 años los griegos se preguntaban: ¿qué es lo peor que puede pasar? ¿Cómo podrías utilizar mejor tu pensamiento ante aquello que imaginamos? En el pensamiento el repetirnos «y si…» es un monstruo terrible que asusta y amenaza cada día a millones de nosotros, por ello la neurociencia moderna nos conjuga con la psicología tratamientos más potentes para reducir la intensidad de una preocupación que nos hace sentir ansiosos.

¿En qué consiste? En algo tan sencillo en invitar a nuestra mente a generar esa calma, es decir, si la ansiedad se genera en la cabeza podemos disolverla. En la medida que somos conscientes de que nuestros pensamientos están alejados de la realidad somos capaces de reducir la intensidad de las emociones que asociamos a ellos.

La relación entre lo que pensamos y sentimos existe y es una dualidad que estará dentro de nosotros en ese nivel mental y consecuente a nuestra sensación corporal, qué nos decimos a nosotros mismos sobre las situaciones que vivimos, qué nos decimos de los demás, sobre la vida, sobre los problemas, entre otros, hacen que nos entorpezcamos y desadaptemos cuando estas emociones y pensamientos son muy negativos. Parece que no son las situaciones en sí las que nos producen malestar directamente sino la gran intensidad de la interpretación que hacemos de ellas.

La salud mental tiene un espectro de altos beneficios incluida la reducción de la preocupación y las emociones negativas. Vamos a ponerlo en práctica dedicando 15 minutos diarios a preocuparnos, si lo leíste bien, a preocuparnos, es decir, que en lugar de pensar que no hace falta preocuparnos, ¡preocúpate! Pero en el tiempo que tenemos elegido (15 minutos).

Establecer un momento en el que puedas preocuparte todo lo que quieras hace disminuir las preocupaciones debido a que tu mente buscará y buscará el análisis de lo que piensas y te lo repetirá una y otra vez hasta que encontrarás tú solo el origen de porqué estás pensando eso y generalmente te sucederá que no es así y no hay porqué pensar eso. Te das la oportunidad de validar lo que está en tu mente y lo que coincide con la realidad, al saber que no coincide perderá esa intensidad/emoción negativa. Practícalo y me cuentas cómo te fue.

Esta es una tarea que nos llevará toda la vida, por ello hay que seguir conociendo las herramientas que nos van a seguir ayudando a encontrar la paz mental. En psicoterapia trabajamos mucho con un mecanismo de sustitución, un pensamiento que te quita la paz por un pensamiento que te devuelve la calma.

El trabajo mental para todos es dejar la mente débil e influenciable, la sociedad actual encumbra el éxito y distorsiona la realidad, ejemplo: no ser atractivo ni rico ni tener suerte en la vida no define quién eres. En los humanos lo que más nos importa o debe importar en un nivel de madurez sano es ser buena persona y las virtudes humanas que nos generan esa paz mental, esa calma que nos permite anticiparnos a la imaginación y gestionemos con ella lo que es innecesario pensar y practiquemos lo que más nos da beneficio emocional, vivir para mejorar, vivir con salud mental.

Dosis de vida en la pareja

En nuestro mundo las relaciones sentimentales ocupan un lugar central en nuestras vidas, es imprescindible poder identificar si la relación que se está viviendo es saludable o no.

Es totalmente normal que cuando tienes una nueva pareja, lo que más se quiera es compartir mayor tiempo con ella y descuidemos otras áreas y que busquemos tener una estabilidad en pareja que finalmente la llamaremos familia. Sin embargo, muchos de nosotros nos vemos envueltos en relaciones de pareja complejas o insanas, la más frecuente sin estar conscientes de ello es donde empezamos a perder nuestra identidad, nuestra individualidad y adoptamos por completo los intereses, rutinas, y valores del otro, perdiendo nuestra propia esencia.

Este tipo de relaciones se mostraban en totalidad en tiempos atrás donde la figura masculina absorbía totalmente la figura femenina y no había concesión de proyectar la identidad del otro miembro de la pareja, actualmente en otra parte del mundo se continua con relaciones de pareja no enfocadas en un equilibrio mental sino en la unilateralidad o dependencia emocional.

Las relaciones dependientes se han vuelto comunes en años recientes, psicológicamente hablando. El miembro dependiente absorbe tanto la vida de su pareja que prácticamente se mimetiza con ella, olvidándose de quién es realmente. Otra señal de dependencia emocional es la necesidad constante de confirmar que tu pareja sigue queriéndote y va a estar a tu lado para siempre. Este tipo de comportamiento puede llevarte a un estado de alerta constante, buscando señales e incluso inventándolas para asegurarte de que todo está bien en la relación.

«Vives con cierta alerta e hipervigilancia, comprobando siempre que esa persona te quiere y va a estar a tu lado, llegando incluso a crear amenazas donde no las hay». Por ejemplo, en situaciones cotidianas como interpretar que tu pareja duerma de espaldas hacia ti como una señal de desamor. Este constante escrutinio puede desgastar la relación y, sobre todo, tu bienestar emocional.

La señal más importante en una relación de pareja dependiente, quizá la más evidente, es la incapacidad de poner fin a una relación que claramente no te hace feliz e incluso puede estar haciéndote daño. A pesar de ser consciente de que la relación no es lo que realmente deseas, la persona dependiente se encuentra atrapada, incapaz de tomar la decisión de separarse. Te cuesta cortar esa relación incluso cuando sabes que no es lo que quieres, que no te hace feliz o, peor aún, cuando te hace daño.

Esta situación es muy común, especialmente en adolescentes, y se perpetúa en la vida adulta. Toda esta dependencia está estrechamente relacionada con el miedo a la soledad, a la incertidumbre de no saber qué hacer sin la otra persona y al temor de no encontrar a alguien más.[30]

Discutir es una parte natural de cualquier relación, pero en las relaciones de dependencia se evita, lo que, muchas veces, empeora los problemas no hablados con actitudes y acciones. La relación dependiente también es tóxica: empieza a generarse un ambiente manipulador, donde los comentarios parecen inofensivos, pero en realidad son tácticas psicológicas que desvían la responsabilidad de las conductas y manipulan a la pareja.

En lugar de reconocer su posible responsabilidad por lo que te ha hecho sentir mal, la pareja dependiente desvía el enfoque hacia tu reacción, como si tus emociones fueran exageradas o menos importantes.

En una relación sana, el objetivo debe ser comprender mutuamente tanto la forma de pensar como los sentimientos de cada uno y buscar resolver los conflictos. Sin embargo, la poca consciencia y educación sentimental que tenemos y transmitimos a nuestros hijos nos conduce a este tipo de relaciones. Lo

---

30 Estas son las tres señales de que puedes ser una persona dependiente de tu pareja, según una psicóloga. https://www.elconfidencial.com/alma-corazon-vida/2024-08-30/1qrt-tres-senales-puedes-ser-persona-dependiente-pareja-psicologa_3947287/

más grave es que acabamos creyendo que somos culpables de todo. Una frase muy usada por quien ha creado esa dependencia, y que incluso podemos terminar repitiendo internamente, es: «Tú lo arruinaste».

Este tipo de expresiones, tanto externas como internas, nos golpea directamente en la autoestima y se convierte en un ciclo de culpa interminable.

Por ello, cuando decidas tener una pareja, independientemente de la edad que tengas, es fundamental detenerte de vez en cuando para evaluar la dinámica de la relación y determinar si es sana o no. Replantéate si es algo que te genera vivir para mejorar, vivir con salud mental.

Dosis de vida a los 50 años

Existen etapas de nuestra vida donde nuestros rasgos de personalidad son inestables y no sabemos cómo lidiar con ellos, solo los presenciamos en el momento de nuestras elecciones de vida por más simples que sean y a través de los cambios en tiempo y en rutinas de vida es cuando entra en desafío nuestra estabilidad mental.

Desde la infancia hasta la tercera edad mostramos emociones negativas y positivas así como pensamientos en esa dualidad, y entra nuestro sistema de inteligencia emocional, muchos de los que estudiamos la mente y seguimos entendiendo el porqué del actuar que tenemos, hemos estado concluyendo científicamente y con investigaciones psicológicas que lo mejor de nuestra vida comienza a los 50.

A partir de esa edad, las personas experimentamos una reacción negativa menor a los factores estresantes diarios. En este momento de la vida, según varios estudios en todo el mundo mental es cuando muchos de nosotros empezamos un inicio nuevo en donde lo que sembramos en nuestra juventud empieza a darnos frutos. Y, además, presentamos una combinación única de experiencia y sabiduría.

La experiencia y sabiduría mental a esta edad es producto de todas las situaciones personales, profesionales, laborales, sociales, entre otras, lo que permitió aprender y seguir avanzando, aunque se hayan cometido errores graves porque todo ello nos irá advirtiendo en la toma de decisiones, y serán más acertadas y si se nos es pedido el consejo habrá capacidad de darlo.

Psicológicamente donde más oportunidad tenemos de conformarnos la estabilidad emocional es en esta edad, presentamos mayor capacidad para manejar el estrés y las emociones difíciles, el paso del tiempo nos permite identificar nuestras emociones y hacer elecciones más determinantes, en esta edad muchos de nosotros tenemos ya tiempo libre para nuestros propios intereses, y tenemos una línea más estable de seguridad financiera, es decir, trabajo establecido y una rutina concreta en ello, además de que empezamos a tener más conscientes de nuestra salud y bienestar.

En esta etapa de nuestra vida, priorizamos la actividad física, la alimentación saludable y otras prácticas de autocuidado. Nos mantenemos más atentos a mejorar nuestra calidad de vida, con un mayor enfoque en prevenir enfermedades y en promover un envejecimiento activo. También buscamos establecer relaciones transparentes y genuinas, aunque sabemos que esto puede ser complicado de lograr.

Se vive con mayor plenitud, y esto es una decisión consciente, fruto de todo lo vivido hasta ahora. Este acto de reflexión nos lleva a cuestionarnos que el objetivo de vida no es solo vivirla, sino comenzar a elegir la calidad y la satisfacción de nuestras experiencias. La mirada social deja de ser tan importante como lo era en la adolescencia o en los primeros años de juventud, y empezamos a adoptar una auténtica «responsabilidad afectiva».

Cuando somos responsables afectivamente con nosotros mismos, podemos serlo con los demás, si no trabajamos en nuestras heridas, andaremos por la vida rompiendo personas, se sabe que nadie es perfecto, todos hemos sido tóxicos con alguien de manera involuntaria. Hay que trabajar mucho con uno mismo para llegar a los 50 como hemos descrito a lo largo de este artículo.

Lo cierto es que cada edad implica una forma de comprender y vivir afectivamente, buscamos la madurez, dejarse de prejuicios y buscar disfrutar lo que se tiene sin trabas de vidas elegidas por alguien más.

En nuestra labor psicopedagógica nuestra visión mental a los 50 nos da un currículum alto en haber vivido experiencias variadas desde decepciones, pérdidas, frustraciones, pero también experiencias enriquecedoras que han evitado que caigamos en ciclos de amargura mental.

Entrenar nuestras habilidades psicoemocionales deben de comenzar a la edad que empecemos a generar conciencia de nosotros mismos para empezar a autoentendernos y poner en práctica la colección de emociones que vamos experimentando en las diversas situaciones de vida y lleguemos a los 50 años que nuestros estudios e investigaciones psicológicas nos muestran, el camino es de mucho trabajo de mente, mantenla abierta y emplea la asertividad, pon tus límites y actívate en vivir para mejorar, vivir con salud mental.

Dosis de vida en tu nombre

Se ha analizado la sonoridad de diferentes nombres en la línea psicológica, donde cada nombre ha conformado la personalidad de cada uno de nosotros. A la hora de conformar nuestra personalidad influyen muchísimos factores: biológicos, genéticos, experiencias tempranas, nuestro ambiente y nuestra cultura, las relaciones interpersonales, etc. La personalidad es una construcción muy compleja y cada uno de nosotros es único.

Ahora si la personalidad se ve con un factor como conocer y utilizar nuestro nombre toda la vida empieza a darnos una identidad emocional en nuestro sentir y actuar, hay nombres que podemos interpretarlos como más amables o sentimentales, en cambio, otros nombres les atribuidos ser más fuertes, dominantes o agresivos. De ahí que atribuimos virtudes o defectos mentales y la otra causa grave es que no nos guste nuestro nombre.

No sentirse a gusto con el nombre propio puede afectarnos toda la vida y propiciar grabaciones mentales que no promuevan el crecimiento personal haciendo que nos sintamos menos, tengamos pérdida de identidad, muchos de nosotros tenemos un apodo o una versión abreviada a su nombre que nos resulta en esa identidad deseada y nos da comodidad o nos hace sentir atractivos.

Con mayor frecuencia tratamos de implementar técnicas que nos permitan modificar la personalidad y muchos de nosotros buscamos descifrar nuestra propia individualidad. Asimismo, planteamos determinar nuestras características desde nuestro nombre hasta el estilo de letra que hacemos donde podamos emplear mayores datos para intervenir en nuestra inteligencia o aptitudes emocionales.

La psicoterapia sigue siendo la herramienta mayor eficaz para todo esto, sigue siendo el instrumento psicológico validado y constatado científicamente con suficiente verdad empírica para develar quién está enfrente de nosotros y de los grados de honestidad que pueden tener al someterse a técnicas que mejoren o transformen las deficiencias mentales que tenemos.

Si bien, la grafología es comúnmente una seudociencia que se aplica en áreas de la psicología, donde nos puede arrojar datos básicos y hasta con mayor nivel de trascendencia, lo más concreto de ello se empata a las características de nuestro nombre con la escritura que hacemos normalmente para obtener pistas de nuestra identidad y el autoconocimiento.

El tipo de persona en la que nos hemos convertido está profundamente influenciado por nuestro nombre, ya que un buen o mal nombre puede tener consecuencias significativas en nuestra identidad y en los resultados que logramos en la vida. Desde edades tempranas, nuestro nombre nos otorga un sentido de identidad única, nos impulsa y nos motiva a hacer cosas. Por ello, para los futuros padres, la elección del nombre será determinante en el desarrollo mental y emocional de sus hijos, así como en su crecimiento en virtudes psicoemocionales.

Es importante analizar cuidadosamente los nombres que se eligen, de modo que estos ayuden a los hijos a valorar su singularidad. Como señala un proverbio árabe que frecuentemente usamos los psicoterapeutas: «Dime tu nombre y sabré qué persona eres. Dime qué nombre amas y te diré qué persona deseas ser».

Todos los psicólogos y especialistas le damos una gran importancia a tu nombre, el nombre da mucha información de nosotros, así como también nos pueda dar datos de nuestros antepasados o de la sociedad en la cual nacimos. El nombre es el primer regalo psicológico que se nos da, es el primer esquema mental previo y es el sonido del mismo que nos va formando en activar nuestro desarrollo psicológico a favor o en contra.

Así, cuando alguien nos llama por nuestro nombre nos hace un gesto emocional donde nos identifica y nos provee contacto humano y proximidad, la cual se traduce en esa parte inconsciente en una buena comunicación.

De igual manera, seguimos creando vínculos existenciales con el simple hecho de utilizar nuestro nombre, escuchar nuestro nombre y generarle la aceptación del mismo porque es una manera de decirle a nuestro inconsciente que existimos y al consciente que importamos. Que nuestro nombre sea la clave para que podamos vivir para mejorar, vivir con salud mental.

Dosis de vida para cultivar la mente de tu hijo

Hemos tenido probablemente días donde no nos salvamos de falta de horas de sueño, encontrar plastilina o alimentos desordenados en casa, contamos los minutos para que se duerman, rabietas en la calle o lugares de comercio, a como dé lugar queremos educar a nuestros hijos, si nuestros hijos, a los cuales pretendemos que puedan ser felices, independientes y que les vaya bien.

Empecemos por convertir la experiencia de educar a nuestros hijos en una oportunidad cerebral que afine su carácter y sus aptitudes para relacionarse. Algo que muchos de nosotros hemos notado es que en alguna ocasión nuestros hijos o incluso nietos se quejan de algo que hablan que pareciera no tener lógica, y pensamos que ya tiene una edad para ser racional y controlarse, pero de pronto se altera por algo absurdo, y parece que por mucho que hagamos no entra en razón y no hay nada que hacer.

Basándonos en nuestro conocimiento sobre el cerebro del niño, el hablar racionalmente o con lógica a ellos, no nos va llevar a nada; al contrario, más se obstinará en repetir lo que sigue diciendo o gritando, entonces, ¿qué debemos hacer? La técnica conectar y redirigir.

Conectamos físicamente con él (una toma de brazo, frotamos su espalda y usamos un tono calmo y hasta algo maternal/paternal/abuelos y agregamos: entiendo eso que dices, pero siempre eres importante para mí solo que no se puede esto...y agrega una muestra de afecto. Usted observará que el niño deja de estar en ese oleaje emocional que busca una gran atención y dejará de repetir una y otra vez esas conductas.

Si, por el contrario, nos mostramos rígidos y sin afecto ni empatía con nuestros hijos más se va alterar y nosotros con ellos, esta técnica es primero ayudar a nuestros hijos a sentirse sentidos antes de usar la lógica con ellos, recordemos que en el mundo adulto resolvemos con lógica y palabras y el niño aún está en esa asimilación de normas y disciplina.

El niño necesita interiorizar lo bueno y lo malo de sus actos a través de quienes están con ellos, y necesitamos que desarrollen sus niveles de comunicación, para ello, motívalo a contar su historia del día, cómo le fue en la escuela, que hable de los problemas si es que los ha tenido en la escuela, del compañero que le cae mal, el amigo, amiga, entre otros.

Esta otra técnica los ayudará a trabajar la atención y memoria, y concentraremos que aprenda a recordar y a reflexionar más en sus emociones y acciones, así no generamos que en el proceso de su adolescencia se quede atascado en el aro. Es una frase que usamos en psicoterapia donde lo atribuimos a la rueda de la conciencia y estos atasques generan angustia y niveles altos de autocrítica (negatividad), nuestra finalidad es hacer que nuestros hijos no solo sobrevivan al mundo social sino progresen.

Lo que muchos adultos hemos olvidado es que los sentimientos vienen y se van, algo que desde niños no pudimos comprender y quedamos atascados en estos niveles de aro, por lo que a nuestros hijos hay que apoyarlos en comprender que los sentimientos son pasajeros; científicamente una emoción nos dura unos noventa segundos y se va neuropsicológicamente hablando, así que entre más entiendan que los sentimientos son pasajeros, menos atascados estarán en el aro y más podría vivir y tomar mejores decisiones a futuro.

Y el objetivo más importante en nuestros niños y quizá el más complicado es crear modelos mentales positivos, hoy en día nos los llevan mucho al psicólogo y muchos de ellos refieren desde tempranas edades estar en atenciones psicológicas, pero sería más fácil que nosotros padres supiéramos que podemos iniciar nuestra propia psicología e iniciar con todo lo anterior y llegar al punto de instalar en ellos modelos mentales positivos.

Cuando los niños pasan mucho tiempo con las personas más destacadas en su vida, adquieren importantes aptitudes relacionales como comunicarse y escuchar con atención, interpretan expresiones faciales, comprenden lo que no se dice, comparten y también se sacrifican. Y en las relaciones de los otros, comprueban si es posible confiar en los demás, si recibimos una crianza así entramos en ese circuito emocional y relacional del cerebro positivo, y solo habrá que seguirlo equipando.

Por supuesto, los niños necesitan una estructura, límites y asumir responsabilidades de sus conductas, pero ni siquiera cuando imponemos nuestra autoridad debemos dejar de divertirnos con ellos; podemos jugar, contar chistes, hacer el tonto, cuánto más disfruten estar con nosotros más valorarán a su familia y más repetirán lo positivo en ellos. Aplícalo y me cuentas. Vivir para mejorar, vivir con salud mental.

Dosis de vida en la tolerancia

Entender por qué no toleramos a los demás es el primer paso para superar esta sensación. Si el problema es el choque de ideas, tal vez debamos trabajar con la tolerancia. Para algunas personas la socialización no es algo fácil de realizar y mucho menos placentero; en cambio, se sienten felices al volver a casa y estar tranquilas. La interacción resulta incómoda, desafiante o aburrida.

Sentir intolerancia hacia los demás tiene diversas causas; el estrés acumulado, la introversión o las heridas emocionales del pasado son algunas razones. Si te sobrecargan la presión y las preocupaciones, es esperable que te sientas irritable. A veces, lo que parece una intolerancia generalizada hacia los demás podría ser un reflejo de tu estado emocional y no necesariamente una característica de tu personalidad.

Más que preocuparte en tu desempeño social, enfócate en disminuir tus niveles de estrés. Revisa tus hábitos y prioridades, implementa estrategias de relajación y asegúrate de reservar tiempo para el ocio y el descanso. Al aliviar la tensión, quizás tu tolerancia y bienestar social mejoren de manera natural.

Las personalidades introvertidas suelen sentirse exhaustas después de pasar mucho tiempo interactuando. De hecho, necesitan momentos de soledad para recargar energías. ¿Puede que tu sensación de agotamiento al estar con gente se deba a tu inclinación hacia la introversión?

Primero, aceptemos nuestra necesidad, no hay nada de malo en preferir la tranquilidad por sobre la constante estimulación. Sin embargo, es saludable que busques un equilibrio entre tu tiempo personal y tu tiempo social. Eso sí, sé selectivo con las personas que compartes y elige entornos que te resulten cómodos.

Si has experimentado conflictos fuertes, rechazos o traiciones en el pasado, puede que hoy te resulte difícil confiar en alguien. Estas vivencias dejar una marca en cómo percibes a las personas y a las relaciones, creando una especia de barrera emocional para evitar sentir el mismo dolor.

Asistir a psicoterapia resulta útil para sanar estas heridas emocionales y superar sus efectos. Además, ayuda a enfrentarte a nuevas interacciones sociales de manera gradual, eligiendo personas con las que te sientas a salvo.

Por un lado, es importante que cultives relaciones con personas que compartes tus ideas. Al mismo tiempo, es fundamental tratar de mantener una actitud abierta y tolerante hacia las diferencias, aunque siempre respetando tus propios límites.

No es una regla universal, pero durante la infancia si tuvimos pocas oportunidades para interactuar con niños o para participar en actividades grupales, es posible que hoy te sientas fuera de lugar en las situaciones sociales.

Si en los primeros años hubo carencias en este aspecto, puede que hoy te resulte más difícil conectar con las personas y elijas aislarte. Para sentirte a gusto en contextos sociales, necesitas exponerte a ellos de manera gradual y estratégica. Empieza con metas pequeñas, como participar en conversaciones cortas. Unirte a clubes, equipos deportivos o grupos con intereses comunes también es muy útil. Estos entornos te permitirán conocer personas y practicar tus habilidades sociales.

Recordemos que no todos van a ser amables, atentos y nos van a entender, las relaciones sociales son complejas y generan en algunos casos malentendidos. Tengamos eso mentalmente presente para trabajar en la aceptación mental de las imperfecciones humanas y aceptar esos pequeños errores o malentendidos como parte natural de las relaciones, lo que no significa que tengas que forzarte a llevarte bien con todos ni obligarte a sentirte en confianza con los demás.

No se trata de cambiar quien eres y tus valores; sin embargo, es importante descubrir si hay algo que te bloquea tu tolerancia y encontrar la manera de que hagamos esa introspección y acomodemos aquello en nuestra mente que bloquea el vivir para mejorar, vivir con salud mental.[31]

31 ¿Por qué no soporto a la gente? ¿Qué puedo hacer? https://lamenteesmaravillosa.com/por-que-no-soporto-a-la-gente/

Dosis de vida en la caja de Skinner

El psicólogo B. F. Skinner asentó con su investigación las bases del condicionamiento operante. Nos demostró las consecuencias de una conducta que se repite con alta probabilidad en el futuro o no dependiendo de los refuerzos que tengamos en la vida, ya sean positivos o negativos y eso es lo que llamamos la caja de Skinner.

Nuestra conducta no depende únicamente del mundo interno de la persona, es decir, de los procesos mentales. De acuerdo a nuestro aprendizaje emocional actuaremos en consecuencia. Aún la caja de Skinner nos da una época dorada para modelar nuestras conductas y lograr comportarnos como deseamos.

En esta caja tenemos para nosotros términos claves, que tanto hemos aplicado el castigo ante algo que no debemos hacer, y de ahí podemos diferenciar los refuerzos negativos y los positivos, es decir, todos diseñamos inconscientemente sistemas de recompensa que mal aplicadas en nosotros nos conducen a la ansiedad, depresión y trastornos de la conducta.

Esta famosa táctica de Skinner actualmente ha sido muy efectiva en aplicación del deporte, del trabajo, en el tratamiento de adicciones, ámbito educativo y tecnología. Y en psicoterapia tenemos una gran herramienta de modelar las conductas que ya no queremos repetir, nos centramos en identificar y cambiar conductas problemáticas a través de técnicas psicoterapéuticas donde podamos observar aquellas conductas enlazadas con el inconsciente y podamos modificarlas.

Algunas de las técnicas derivadas de esta caja de Skinner son: el reforzamiento positivo, donde buscamos aplicar recompensa positiva para aumentar la repetición de un comportamiento deseado. Reforzamiento negativo, donde eliminamos un estímulo aversivo o desagradable cuando se produce algo deseado. Castigo positivo, estímulo aversivo con la finalidad de retirar conducta problema. Castigo negativo, retirar estímulos positivos ante algo no deseado.

La técnica del modelamiento es la más usada en nuestros problemas mentales de hoy, nos ayudará a aprender habilidades nuevas complejas con modelos a seguir. Nuestros padres, la sociedad y los medios de comunicación son modelos permanentes de conductas que pueden ayudarnos, o afectarnos a futuro.

Sin embargo, la ocurrencia de esto no es única, ejemplo, podemos pedirle a un adolescente que lave sus trastes en la comida como parte de mantener acuerdos saludables, y el adolescente puede tener una idea vaga sobre la conducta en cuestión, sin embargo, puede llegar a lavar el traste inadecuadamente si en el pasado no ha tenido la oportunidad de observar cómo se lleva a cabo dicha conducta de manera adecuada, pues es algo a lo cual naturalmente no ha prestado atención.

Los adultos solemos prestar atención en este caso en concreto, podríamos terminar castigando la intención del adolescente de lavar el traste al comentarle que lo hizo mal, lo que puede llevar a que la consecuencia de lavar un traste sea sentirse molesto y, por lo tanto, no quiera volver a intentarlo y con toda razón, esto pase a ser parte de su historia de aprendizaje. Podemos entonces juzgar la conducta de las personas que no actúan como esperamos, pero no vamos a lograr modificarla solo hacerlo más complicado.

En el día a día de nuestra vida cotidiana, desearíamos ver en los demás, y en nosotros mismos, conductas de un nivel tan complejo, que parecieran difíciles de alcanzar, por lo que nos resignamos con relativa frecuencia. La verdad es que estamos perdiendo toda oportunidad de generar un cambio cuando solo estamos esperando a que ocurra una conducta, tal cual como se espera que sea al final de esa suposición mental.

Así que, en lugar de regañar a un adolescente a que limpie su habitación, cosa que difícilmente sucederá por sí misma, podemos comenzar con darle las gracias cuando haga algo bien, como, por ejemplo, bajar un vaso de su habitación a la cocina.[32] Lo más importante es tratar de usar estas herramientas con una intencionalidad dirigía a un estilo de vida saludable, vivir para mejorar, vivir con salud mental.

---

32 Moldeamiento y modelamiento - Centro de Psicoterapia Contextual. https://psicoterapia-contextual.com/moldeamiento-y-modelamiento/

Dosis de vida en el trastorno por déficit de atención e hiperactividad (TDAH)

El diagnóstico del TDAH necesita valoraciones de profesionales con mayor experiencia y en la mayoría de los casos se detecta mucho tiempo después. Saber nuestro diagnóstico puede hacer que la vida que llevamos de un giro de 180 grados y podamos emplear todas las alternativas posibles para mejorar.

Existen tres características que definen el TDAH:

- **Hiperactividad:** nivel superior de actividad.
- **Impulsividad:** dificultad para controlar la conducta, emociones y pensamientos.
- **Inatención:** dificultad o incapacidad para concentrarse y prestar atención.

La ubicación de una TDAH dependerá en estos tres tipos de sus síntomas y su predominio. Es importante aclarar que para el TDAH no hay una cura porque en realidad no es una enfermedad, sino uno de los trastornos del neurodesarrollo que tiene que ver con la forma en la que se organiza y procesa la información en el cerebro y el sistema nervioso.

La estructura cerebral que conocemos como córtex prefrontal es donde implica procesos cognitivos complejos, como toma de decisiones, interacción social y expresión de la personalidad, por lo que las personas con TDAH tienen dificultades en estas funciones y empiezan a complicarse sus niveles de memoria, la planificación de hacer las cosas y desatención en el tiempo que transcurre.[33]

---

33 Vivir con TDAH: «Necesito rutinas para que mi mente no se disperse» | Su Médico. https://www.sumedico.com/especialidades/otras-enfermedades/2024/7/12/vivir-con-tdah-necesito-rutinas-para-que-mi-mente-no-se-disperse-51043.html

El TDAH también se asocia a una fuerte carga genética y afecta el desarrollo emocional y social de quien lo padece. La psicoeducación entra fuertemente en proceso de guía para los pacientes detectados con este trastorno, aunado con la decisión compartida por los padres y el paciente de iniciar un tratamiento farmacológico.

Las alternativas del tratamiento no farmacológico es la psicoterapia que trata de mejorar los procesos de atención, y aminorar la inquietud psicomotriz. Necesitamos perder el miedo al estigma y si desde la infancia se diagnostica se puede ayudar a tener un mejor desarrollo y no presentar alteraciones como la ansiedad o trastornos depresivos.

Muchos especialistas señalamos que de no contar con un diagnóstico temprano del TDAH se puede ocasionar daños en la personalidad, baja autoestima, dificultades en las relaciones interpersonales y dificultades en la escuela o trabajo. Los trastornos del neurodesarrollo no son una tragedia, siempre hay solución, hay tratamiento y es muy benéfico mejorando la calidad de vida en niños y adultos.

En el TDAH la recomendación guiada en psicoterapia nos hace señalar el disminuir el uso de tecnologías y aparatos electrónicos, ya que pueden tener efectos negativos en el desarrollo infantil y adolescente. La exposición prolongada a dispositivos electrónicos puede generar problemas de dependencia y alteraciones del sueño, capacidad de concentración de un niño alterada, aislamiento social y déficit visual lo que obstaculiza su desarrollo. Así que como padres tenemos que estar pendientes del desarrollo de nuestros hijos en cada etapa de su vida y observarles algún cambio o síntoma en su conducta para poder intervenir a tiempo.

En nuestra actualidad el uso de las tecnologías y más en este tipo de diagnósticos en objetos tan sencillos como observar que nuestros hijos pasan demasiado tiempo en la televisión tienen más altas probabilidades de tener sobrepeso y, dependiendo el contenido que vean, pueden ser más agresivos. Un uso excesivo de celulares, tabletas, entre otros también se asocia a sacar peores notas, problemas relacionados con el sueño y problemas de comportamiento.

En familia cuando se prohíbe el uso de un dispositivo al niño o adolescente, lo que conseguimos es que sientan rencor y también quieran utilizarlo con más ganas que si se les permite tenerlo de manera regulada. Además, cuando se les castiga, pero no se les da la oportunidad de entender por qué, ni tampoco de buscar soluciones a lo que ha sucedido, no aprenderán a manejar su comportamiento y volverán de nuevo a mostrar el mal comportamiento, bajas calificaciones o desafiar la autoridad.

Si nuestro objetivo es educar de manera sana, no podemos implementar el castigo como medio de formación. Eduquemos ofreciendo alternativas para ocupar su tiempo libre; instrumentemos aplicaciones de control parental para monitorizar el empleo de celular por parte de nuestros hijos; establezcamos límites claros y fomentemos el uso responsable de lo otorgado a ellos.

Se tenga TDAH o no, esto no cambia; las pautas claras y equilibradas en el ambiente que propiciemos para ellos les facilitarán la vida. De este modo, podrán adquirir su propio bienestar: el de una vida para mejorar, una vida con salud mental.[34]

---

34 ¿Quitar o no quitar el celular como castigo? Efectos en niños y adolescentes | Su Médico. https://www.sumedico.com/soy-mama/2024/9/25/quitar-no-quitar-el-celular-como-castigo-efectos-en-ninos-adolescentes-51958.html

Dosis de vida en nuestra mente

En nuestra era actual estamos rodeados de grandes avances tecnológicos, así como de evolución informativa, modificándonos desde neurológica y comportamentalmente. Nuestras familias se han ido reconformando antes estas nuevas disposiciones externas de nuestro mundo y eso ha modificado nuestro pensar y sentir. Y todos hemos podido observar conductas más drásticas en todos y un acentuamiento en nuestro temperamento sin poder concientizar y asumir responsabilidades mucho menos en controlarnos y evitar conflictos o adicciones.

La psicología ha comenzado a convertirse en una necesidad primordial para atender las crecientes anomalías emocionales que derivan en conductas nocivas y en la pérdida del sentido de vida. Nuestras expectativas y prioridades han cambiado mientras navegamos sin rumbo en un paradigma emocional cargado de tensiones.

Seguimos acumulando lo que hoy llamamos «estrés» y «ansiedad», términos que se han popularizado y que, en muchos casos, se utilizan para designar alteraciones emocionales sin una causa orgánica. Es precisamente ahí donde empezamos a descifrar lo que realmente necesitamos en nuestra mente.

Les doy la bienvenida a este espacio de reflexión, donde comenzamos a tomar conciencia de lo que nos sucede en la mente, en nuestras emociones y en nuestras acciones. Ignorar esto nos puede llevar a experimentar dosis letales de rabietas, inconformidades, frustraciones, sentimientos tóxicos y al rompimiento de las cosas buenas que aún podemos conservar en nuestras vidas. Así que empecemos por lo primero: comprender qué es eso que llamamos estrés y ansiedad:

- Un nudo en el estómago antes de hablar en público.
- Caer enfermo después de una tanda de exámenes.
- Síntomas de depresión tras un evento emocional.

- Problemas para recordar algunas cosas cuando no dormimos bien.

¿Son estas situaciones de estrés y ansiedad?

El estrés es una amenaza real o supuesta a la integridad fisiológica o psicológica del individuo;[35] ansiedad: malestar psicofísico caracterizado por intranquilidad ante una amenaza real o supuesta. Por lo tanto, ambos son mecanismos de defensa que, mal dirigidos, rompen nuestra homeostasis y todo lo que pueda estar en nuestra existencia. El antídoto radica en aportarnos a nosotros mismos estrategias de respuesta más activas y mejor canalizadas, que nos permitan interpretar adecuadamente lo que nos sucede.

No hay ningún medicamento que pueda, emocionalmente, solucionar nuestros pensamientos o seleccionar de forma programada lo que debemos pensar y sentir. El trabajo mental es un proceso que inicia con el libre albedrío de cada uno de nosotros, acompañado de la motivación y todo lo que conlleva querer lograr «algo», según las necesidades de cada uno, indistintamente de la edad.

Un estado de bienestar psicológico y social total puede percibirse en nuestros estados de ánimo, afectos positivos o negativos (preferentemente los positivos), y conductas que favorezcan la mejora. Desafortunadamente, también existen conductas tóxicas que generan nuestra autodestrucción.

Todos sentimos preocupación o nerviosismo ocasionalmente; sin embargo, cuando estos empiezan a interferir en nuestra vida diaria, llevándonos a la autodestrucción, es vital pedir ayuda de un profesional. Las conductas, ideas y sensaciones negativas aumentarán y comenzarán a reducir los patrones positivos de nuestra rutina diaria, contaminando nuestro bienestar y desarrollo de vida.

---

35 https://psi.uba.ar/academica/carrerasdegrado/psicologia/sitios_catedras/electivas/090_comportamiento/material/tp_estres.pdf.

Necesitamos aprender a transformar nuestros patrones de pensamiento tóxicos para reducir los engaños mentales que nos hacen sentir inconformes e irascibles ante el disfrute de la vida. Esto permitirá regenerar nuestro sentido de vida, a menudo ofuscado y oscurecido por el ocultamiento de nuestras potencialidades y habilidades, que cada ser humano posee y sigue desarrollando hasta el final del ciclo vital.

Por ello, emprendemos este espacio fortalecido y con nuevas metas: concientizar sobre el mundo que hemos construido en nuestra vida y reestructurar aquello que necesitamos cambiar, buscando siempre vivir para mejorar. Que tus dosis sean dosis de vida.

Dosis de vida en el suicidio

Normalmente, durante la juventud se tiene un nivel óptimo de desarrollo físico: contamos con fuerza, resistencia y energía como nunca en nuestra vida. Además, nos encontramos inmersos en un proceso de transición entre el paso de la adolescencia y los primeros años de la adultez, en el cual empezamos a establecer relaciones sociales estrechas y a tomar decisiones, como la elección de una profesión, la práctica de algún deporte, la elección de una pareja y un estilo de vida. Sin dejar de lado, lo más importante: el ajuste psicológico del joven. Todo esto se lee muy bien y sin problema, sin embargo, la realidad para cada uno de nosotros es muy diferente al estereotipo ideal.

Actualmente, en nuestro transcurso de vida enfrentamos diversas crisis adaptativas y de crecimiento, donde nuestra mentalidad inmadura, por sus múltiples procesos de desarrollo, es invadida por varios factores que provocan incertidumbre emocional y confusión mental, prolongándose en varias ocasiones hasta la desesperanza, en cualquier edad, y esa sensación de vacío o de no importar a nadie ni importarnos nada.

Una palabra frecuente que traduce esta sensación es «suicidio», un término que, desafortunadamente, se ha hecho viral. ¿Cuántas noticias escuchamos que incluyen este concepto? Y no solo eso, sino también la claudicación emocional de esas sensaciones negativas y engañosas que logran provocar ese torbellino emocional en quienes toman la decisión de llevarlo a cabo, dejando una marca imborrable en sus familias, con grietas emocionales continuas.

Los factores de riesgo que conducen al suicidio incluyen la presencia de trastornos mentales, predisposición genética, historia de maltrato o abusos, divorcio, desempleo, alta reciente de un hospital psiquiátrico, intentos de suicidio anteriores, abuso de alcohol u otras sustancias, e ideas suicidas persistentes. Una vez más, el aspecto mental se hace presente en nuestra familia humana, insistiéndonos en no disfrazar estos decesos, y en tratar a quienes aún no han llegado a ese punto, pues todavía tienen esperanza de recobrar su salud mental.

Debemos asumir que las intervenciones actuales para predecir y prevenir el suicidio son escasas. Pero más allá de caer en el nihilismo, esta situación nos plantea un interesante reto y pone de manifiesto la necesidad de un cambio en la aproximación al problema del suicidio.

La «psicología personalizada», más que una psicología estratificada, podría ofrecernos una dosis de vida. Necesitamos sumar esfuerzos para aumentar la concienciación sobre los peligros emocionales que rodean a los nuestros. Nuestro reto es encontrar otra manera de resolver esos sentimientos intolerables, fomentando el acudir con su médico de familia o su especialista en salud mental (psicoterapeuta) y dejarse ayudar, pues esto constituye el factor más valioso para la prevención.

¿Qué podemos hacer? Apoyarnos en familia, apoyarnos socialmente, desarrollar nuestras habilidades de comunicación, buscar soluciones para resolver nuestros problemas de manera adaptada, pedir ayuda cuando surjan dificultades, trabajar la autoestima y velar por nuestra salud mental todo el tiempo. Recuperemos nuestra tranquilidad. Vivamos para mejorar, vivamos con salud mental.

Dosis de vida en la adopción

La adopción es un acto de amor que ofrece a los niños un hogar y una familia, pero también implica la aparición de desafíos psicológicos significativos. Tanto los adoptados como los adoptantes pueden enfrentar una variedad diversa de problemas emocionales y de identidad que impactan su bienestar. Para los niños adoptados, cuestiones como la formación de la identidad, el apego y el miedo al abandono son comunes y pueden influir en su desarrollo emocional.

Por otro lado, los adoptantes pueden experimentar desajustes entre sus expectativas y la realidad, así como sentimientos de culpa y ansiedad.

La adopción es un proceso mediante el cual una persona o pareja asume la responsabilidad legal y emocional de un niño que no es biológicamente producto de un embarazo suyo ni contiene su material genético. Existen diferentes tipos de adopción, como la nacional, que se da dentro de un mismo país o territorio, y la internacional, que involucra a niños de otros países. También se pueden clasificar en adopciones abiertas, donde se permite cierto contacto con la familia biológica, y cerradas, donde no hay interacción.

Las estadísticas reflejan que, en muchos países, miles de niños esperan ser adoptados, lo que pone de relieve la necesidad de generar hogares estables y protectores. En Estados Unidos, por ejemplo, se estima que más de 400 000 niños están en el sistema de acogida, muchos de los cuales son adoptables. La adopción ha evolucionado a lo largo del tiempo; en el pasado, a menudo se consideraba un último recurso, mientras que hoy en día se reconoce como una alternativa viable y positiva para proporcionar un hogar a los niños en situaciones vulnerables.

Sin embargo, a pesar de sus beneficios, el proceso de adopción conlleva desafíos psicológicos significativos tanto para las personas adoptadas como para las adoptantes, lo que hace crucial comprender su contexto y las experiencias de las personas involucradas.

Los retos psicológicos para adoptados

La adopción, aunque puede ofrecer un entorno familiar estable y amoroso, también presenta desafíos psicológicos significativos para niños y niñas adoptados/as. En esta sección, delimitaremos algunos de los principales retos psicológicos que ser adoptado/a puede suponer.

1. **Identidad y pertenencia**

   Uno de los principales retos es la formación de la identidad y el sentido de pertenencia. Muchos adoptados se enfrentan a la cuestión de quiénes son y de dónde vienen, especialmente si han sido separados de su familia biológica a una edad temprana. Este dilema puede generar confusión y sentimientos de incompletud, complicando su desarrollo emocional.

2. **Trastornos de apego**

   Los trastornos de apego son otra preocupación importante. Los niños que han experimentado abandono o separación previa pueden desarrollar dificultades para confiar en sus nuevos cuidadores. Esto puede manifestarse en comportamientos de evitación o resistencia a la intimidad emocional, dificultando la creación de vínculos afectivos saludables. El apego inseguro puede impactar las relaciones futuras del adoptado, dificultando su capacidad para formar lazos de confianza con otras personas.

3. **Miedo al abandono**

   Además, muchos niños adoptados enfrentan un miedo al abandono. Este temor, basado en experiencias pasadas, puede llevar a una sobrecarga emocional y ansiedad, ya que el niño puede temer que sus nuevos padres lo abandonen de la misma manera que ocurrió anteriormente. Este miedo puede provocar una conducta de búsqueda de atención o, por el contrario, una tendencia a alejarse emocionalmente.

4. **Recuerdos pasados**

La edad durante la adopción también influye en la experiencia del niño. Aquellos que son adoptados a una edad más avanzada pueden tener recuerdos más claros de su vida anterior, lo que puede complicar su adaptación a la nueva familia. Pueden experimentar una sensación de pérdida por la separación de su familia biológica y, al mismo tiempo, sentimientos de lealtad hacia ellos. Esto puede generar conflictos emocionales y una lucha interna entre aceptar su nueva vida y aferrarse a su pasado.

5. **Estigmatización**

Por último, la estigmatización que algunos niños adoptados enfrentan en la sociedad puede agravar estos retos psicológicos. Las preguntas sobre su origen o la curiosidad sobre su familia biológica pueden provocar sentimientos de vergüenza o inferioridad. Esto, a su vez, puede llevar a problemas de autoestima y a una percepción negativa de sí mismos.

Retos psicológicos para adoptantes

La adopción, aunque enriquecedora, presenta una serie de retos psicológicos significativos para las personas adoptantes. En esta sección, nos centraremos en comprender las complicaciones a las que hacen frente las personas que deciden adoptar un niño o niña.

1. **Desajuste de expectativas**

    Uno de los principales desafíos es el desajuste entre expectativas y realidades. Muchos adoptantes llegan al proceso con una visión idealizada de lo que significa criar a un niño adoptado. Sin embargo, la realidad puede ser muy diferente, y esto puede llevar a la frustración y al desánimo. La llegada de un niño con antecedentes de trauma o dificultades emocionales puede requerir más tiempo y esfuerzo del que inicialmente se anticipó.

2. **Culpabilidad y ansiedad**

    La culpabilidad y la ansiedad son otros sentimientos comunes entre los adoptantes. Muchos se sienten culpables por no poder proporcionar un hogar biológico y pueden cuestionar sus propias habilidades como padres. Esta culpa puede estar exacerbada por el temor de no estar a la altura de las expectativas de la sociedad o de sus propias expectativas internas.

    Además, la ansiedad sobre el futuro del niño adoptado —sus necesidades emocionales, su adaptación a la nueva familia y la posibilidad de problemas de comportamiento— puede generar una carga psicológica significativa.

3. **Familia biológica**

    La relación con la familia biológica del niño adoptado también puede ser un tema delicado. Los adoptantes a menudo se preguntan cuál es el papel que debe jugar la familia biológica en la vida del niño y cómo manejar esta relación de una forma saludable. Si bien algunos adoptantes optan por mantener contacto con la familia biológica, otros pueden sentir inseguridad sobre cómo abordar el tema o temen que su presencia complique la dinámica familiar. Esta ambivalencia puede generar tensión y conflicto interno.

4. **Comunicación**

   Además, los adoptantes a menudo enfrentan desafíos en la comunicación sobre la adopción con el niño. Hablar abiertamente sobre el proceso de adopción es fundamental, pero muchos padres temen cómo su hijo reaccionará a esta conversación. Pueden preocuparse de que su hijo se sienta diferente o menos querido por ser adoptado, lo que puede hacer que los adoptantes eviten el tema o lo manejen de manera poco efectiva. Esta falta de comunicación puede llevar a malentendidos y a una desconexión emocional.

5. **Flexibilidad emocional y resiliencia**

   Finalmente, el proceso de adaptación a la vida familiar con un niño adoptado requiere una considerable flexibilidad emocional y resiliencia por parte de los adoptantes. El camino hacia la creación de un hogar amoroso y estable puede estar repleto de altibajos, lo que hace esencial que los adoptantes busquen apoyo emocional y educativo a lo largo del proceso.

Estrategias de apoyo

Abordar los retos psicológicos de la adopción requiere estrategias de apoyo adecuadas tanto para los adoptados como para los adoptantes. En esta sección, propondremos algunas formas para generar apoyo en los entornos familiares que deciden llevar a cabo una adopción, para que la adaptación a este proceso resulte más liviana.

1. **Terapia psicológica**

   Una de las intervenciones más efectivas es la terapia psicológica. La terapia familiar puede ofrecer un espacio seguro para que todos los miembros de la familia expresen sus sentimientos y preocupaciones, ayudando a fortalecer los lazos emocionales. Un profesional capacitado puede guiar a la familia en la comunicación sobre la adopción, promoviendo un entendimiento mutuo y facilitando la resolución de conflictos.

2. **Grupos de apoyo**

   Los grupos de apoyo son otra herramienta valiosa. Estos grupos permiten a los adoptantes compartir experiencias y aprender de las vivencias de otros, lo que puede reducir la sensación de aislamiento. La conexión con personas que han enfrentado desafíos similares ofrece un sentido de comunidad y puede proporcionar soluciones prácticas a problemas comunes.

3. **Educación sobre la adopción**

   Además, resulta fundamental recibir una educación sobre los procesos de adopción y sus efectos. Los adoptantes pueden beneficiarse de libros, talleres y recursos en línea que abordan temas como la identidad, el apego y la comunicación. La comprensión de las complejidades de la adopción les permite anticipar y abordar problemas potenciales de manera más efectiva.

4. **Aprecio y respeto**

   Finalmente, fomentar una cultura de aprecio y respeto por la diversidad familiar es crucial. Promover la aceptación de la adopción en la comunidad puede contribuir a disminuir el estigma y brindar un entorno más acogedor y comprensivo para las familias adoptivas, beneficiando así el bienestar emocional de todos sus miembros.[36]

---

36 Los 10 retos psicológicos de la Adopción. https://psicologiaymente.com/social/retos-psi-cologicos-de-adopcion

Dosis de vida en las tácticas de manipulación

Algunas estrategias de manipulación en las que fácilmente podemos caer sin darnos cuenta son:

1. **Jugar con los sentimientos y las emociones**
   Controlar la dimensión afectiva es una de las herramientas más potentes porque hace que los receptores reafirmen sus opiniones y posiciones sin necesariamente haber pasado por un razonamiento lógico, reflexivo o crítico.
   Un ejemplo podría ser la actividad de la prensa amarillista, que exagera las noticias dándoles un toque de sensacionalismo más que de rigurosidad. El objetivo es precisamente apelar a la dimensión emocional de los lectores y sus experiencias previas para aumentar las visitas o las ventas.

2. **Simplificar el mensaje e incluir afirmaciones rotundas**
   Consiste en controlar los elementos cognitivos que nos permiten procesar y comprender un mensaje. Es cuando se utilizan conjeturas rápidas y rotundas que no dan la posibilidad de realizar análisis profundos, entorpeciendo intencionalmente la comprensión del argumento.
   Por ejemplo, cuando una pequeña parte de un texto se imprime en letras grandes y subrayadas al inicio, esto atrae inmediatamente nuestra atención y activa la memoria a corto plazo, provocando una comprensión parcial o sesgada de la información.

3. **Recurrir a lo que dice o piensa una autoridad**
   Es cuando se justifica una postura mediante la presentación de una persona o figura reconocida socialmente como una autoridad competente. Esto es útil porque tendemos a considerar más las opiniones, indicaciones o actividades de alguien a quien admiramos o de alguien que se encuentra en una posición de poder.

Esto puede implicar desde la opinión de un sacerdote o presidente hasta la de un artista o un familiar, y su eficacia depende del contexto en el que se desenvuelve el grupo o la persona.

4. **Individualizar los conflictos y hacer pensar que siempre son iguales**

   Es cuando una situación, especialmente si es conflictiva, se reduce a lo que hace, dice o piensa una sola persona o un solo grupo, escondiendo las otras variables, agentes o grupos que también influyen o son afectados. Esto contribuye a que un conocimiento, afecto, actitud o ideología se generalice.

   Un ejemplo es cuando un atentado se representa en los medios masivos como un hecho aislado o el acto de un «loco» (invitando a temer a todos los que se le parezcan), en lugar de mostrarlo como el resultado de conflictos políticos y sociales complejos.

5. **Utilizar y reforzar los estereotipos**

   Los estereotipos son cualidades de conducta que se atribuyen de manera simplificada y casi automática a una persona o un grupo.

   Son útiles como técnica de persuasión porque permiten controlar valores y juicios sin justificar profundamente los argumentos y sin que el receptor se cuestione ampliamente, lo cual no favorece la información profunda y reflexiva.[37]

---

37 5 técnicas de manipulación que nos afectan y que usamos. https://psicologiaymente.com/social/tecnicas-de-manipulacion

Dosis de vida en el enojo

A muchos nos han enseñado a alejar las llamadas emociones negativas y a centrarnos en lo positivo. Sin embargo, ser incansablemente positivo y apoyarse en clichés felices —también conocido como «positividad tóxica»— puede perjudicarnos.

La verdad es que todas nuestras emociones son útiles. «Evolucionamos para experimentar emociones negativas». La ira, por ejemplo, suele aparecer después de haber sufrido una ofensa, «y uno sigue creyendo que puede enderezar el barco», añadió. «Puede ser energizante».

Pregúntate: ¿qué estoy sintiendo en este momento? ¿A qué se debe?[38]

«Nos enojamos cuando sentimos que hay un obstáculo que nos impide hacer algo». El enojo también puede derivar de emociones que nos sacuden, como la vergüenza, la humillación o la sensación de que no nos valoran.

En otras ocasiones, la ira puede desencadenarse cuando percibimos una amenaza a nuestra identidad, añadió. Por ejemplo, cuando sentimos que nuestras creencias o valores están siendo atacados.

Establece un objetivo saludable

Cuando aflora el enojo, es importante recordar tu objetivo detrás de todo. De lo contrario, puede descontrolarse con rapidez y producir una respuesta desmesurada, demasiado intensa para las circunstancias o que dure un tiempo excesivo.

Supongamos que estás discutiendo con tu cónyuge. Siempre que el objetivo sea fortalecer la relación, expresar las necesidades o llegar a un acuerdo, será constructivo. Pero si lo que más te

---

38 El enojo puede impulsarte a alcanzar tus metas - The New York Times. https://www.nytimes.com/es/2023/11/13/espanol/beneficios-motivacion-enojo.html

importa es tener razón y ganar la discusión, eso podría llevarte a ser agresivo con los demás de una manera perjudicial.

Para discutir con alguien de manera constructiva, imagina lo que siente la otra persona y analiza el problema desde su punto de vista. Es más probable que así puedas influir en ella (eso no significa que tengas que estar de acuerdo). Si tu enojo te consume, primero aléjate para calmarte.

Dosis de vida en la procrastinación

La procrastinación es un fenómeno muy común en el que todos caemos, porque dejar las tareas pendientes para otro momento es sencillo y satisfactorio a corto plazo. Sin embargo, esta tendencia puede afectar nuestra capacidad para resolver asuntos pendientes y nuestro bienestar emocional.

A veces, este comportamiento, que nos lleva a posponer todo hasta el último momento, puede ser el resultado de una falta de motivación o interés en la tarea, pero también puede deberse a factores emocionales y psicológicos más profundos.[39]

Este comportamiento tiene una explicación psicológica. Una causa común es el miedo al fracaso. En este caso, el temor a no cumplir con las expectativas propias o ajenas nos lleva a aplazar tareas para evitar enfrentar la posibilidad de no alcanzar las metas.

Las personas perfeccionistas tienen una mayor tendencia a postergar las tareas, ya que temen que el resultado no sea tan bueno como esperan. Ante esta situación, una reflexión útil es que, si evitamos actuar por temor a fallar en el primer intento, muchas actividades y obligaciones quedarán sin realizar, algo que puede afectar nuestra vida personal y profesional.

Otra causa frecuente de procrastinación es la búsqueda de gratificación instantánea. En un mundo lleno de distracciones y placeres inmediatos, como los que nos proporcionan los teléfonos, es fácil caer en la tentación de postergar responsabilidades por actividades más placenteras. Estas actividades ofrecen dopamina —la conocida como hormona de la felicidad— de forma inmediata, pero a largo plazo, son las tareas que posponemos

---

39 Qué significa que una persona siempre deje las tareas sin hacer hasta el último momento, según la psicología - Infobae. https://www.infobae.com/espana/2024/11/05/que-significa-que-una-persona-siempre-deje-las-tareas-sin-hacer-hasta-el-ultimo-momento-segun-la-psicologia/

las que realmente nos ayudan a crecer y generar hormonas de felicidad sostenida, como la serotonina.

A pesar de que dejar las tareas puede proporcionar placer a muy corto plazo, la procrastinación puede aumentar nuestros niveles de estrés y ansiedad, ya que seguirán pendientes, y el paso de las horas solo hará que dispongamos de menos tiempo para realizarlas. También puede disminuir nuestra autoestima y confianza, ya que dejar de lado aquellas responsabilidades importantes nos puede hacer sentir culpables.

Los factores psicológicos que contribuyen a la procrastinación, como el miedo al fracaso, la falta de motivación y la falta de confianza en uno mismo, entre otros, pueden ser difíciles de identificar y superar. Sin embargo, a través de la autorreflexión y el autoconocimiento, es posible reconocerlos y trabajar en ellos. La autorreflexión implica dedicar tiempo a analizar las propias emociones, pensamientos y comportamientos.

Al reflexionar sobre las razones para procrastinar en una tarea específica, se pueden identificar los factores subyacentes que influyen en esa conducta. Al reconocer estos factores, es posible abordarlos de manera efectiva y desarrollar estrategias para superarlos. El autoconocimiento, por su parte, se centra en comprender mejor las fortalezas y debilidades personales. Al identificar estas características, es posible trabajar en ellas y encontrar maneras de afrontar los desafíos que puedan presentarse al enfrentar una tarea.

Dosis de vida en los jinetes del Apocalipsis

La teoría de los Cuatro Jinetes del Apocalipsis es una metáfora que describe, con alta precisión, los comportamientos que predicen si una pareja está destinada al divorcio. Se trata de cuatro actitudes que, de sostenerse en el tiempo, llevarán a la relación de pareja a romperse con seguridad.

El primer jinete es la crítica

Se entiende como una serie de quejas, etiquetas, descalificaciones, reproches o comentarios negativos que ponen el foco sobre los defectos de la pareja. Son comentarios que se suelen hacer en segunda persona, con un tono de voz elevado y despectivo, con una postura corporal amenazante y cuyo único propósito es crear culpa y malestar en la otra persona. Por ejemplo: «Nunca recoges la ropa».[40]

La actitud defensiva

Implica no aceptar los comentarios del cónyuge, adoptando además una postura defensiva y contraatacando, lo que empeora la situación. Se percibe como una amenaza, y lo que se busca es desviar la conversación hasta darle la vuelta para hacer sentir culpable al otro.[39] Ambos se basan en culpabilizar y responsabilizar al otro del conflicto, lo que dificulta enormemente llegar a una solución.

El desprecio

Es el predictor de divorcio más decisivo. Incluye insultos, muecas, empleo de la ironía o el sarcasmo, y se utiliza con fines ofensivos y para infravalorar a la otra persona. La ira y el resentimiento toman las riendas y vuelven totalmente imposible alcanzar un acuerdo.

---

40   Estos son los cuatro comportamientos que predicen un divorcio, según un psicólogo - Infobae. https://www.infobae.com/espana/2024/11/03/estos-son-los-cuatro-comportamientos-que-predicen-un-divorcio-segun-un-psicologo/

El encierro o actitud evasiva

Esta actitud implica dar muestras de indiferencia ante los comentarios, quejas o críticas de la otra persona. Hacer como que no se escucha, mirar a otro lado, o actuar como si el otro no existiera son actitudes dañinas para ambos y pueden «encender» aún más el comportamiento de quien está expresando sus sentimientos.

Es cierto que, en muchas ocasiones, alguno de estos cuatro jinetes puede aparecer en algún punto de la relación. Sin embargo, cuantos más aparezcan y cuanto más se repitan, más probable es que la pareja termine por separarse.

Dosis de vida en la queja

Imaginemos una situación de lo más común: dos personas que caminan apresuradamente se cruzan por la calle. Pueden ser amigos, compañeros de trabajo o conocidos. Uno de ellos saluda con un «Hey, ¿qué tal estás?» o «¿Cómo te va?». Automáticamente, el otro responde: «Vamos tirando» o «vamos, que no es poco». Poco después, cada uno sigue por su lado. El breve encuentro está marcado desde el principio por la queja sistemática.[41]

En pleno siglo XXI, las sociedades desarrolladas aceptan este tipo de actitud como una forma rutinaria de interacción social. De hecho, es bastante frecuente escuchar quejas sobre el tráfico, el clima, el trabajo o las dificultades económicas. Para muchos, es algo inofensivo e incluso terapéutico, porque les sirve de desahogo emocional.

Sin embargo, se ha demostrado que el lamento crónico tiene un impacto significativo en la salud emocional, mental e incluso física, tanto de quienes se quejan como de quienes reciben los comentarios pesarosos.

Aquí abordaremos la expresión repetida de insatisfacción, frustración o malestar por situaciones percibidas como negativas. Se trata de un fenómeno casi universal que puede extrapolarse a contextos familiares, laborales y sociales. Lejos de una visión catastrofista, quejarse ocasionalmente es una parte normal de la experiencia humana. El desgaste emocional y fisiológico ocurre cuando ese talante negativo invade nuestras rutinas diarias.

¿Por qué nos quejamos tanto?

Es un mecanismo de afrontamiento a través del cual liberamos tensión o buscamos validación. Concretamente, se ha observado

---

41 Psicología de la queja: el desgaste mental y emocional de lamentarse por todo en todas partes | Ruiz Healy Times. https://ruizhealytimes.com/vivir-mejor/psicologia-de-la-queja-el-desgaste-mental-y-emocional-de-lamentarse-por-todo-en-todas-partes/

"

que mediante la queja buscamos que aprueben nuestra opinión o percepción, como si se tratara de un bucle.

Hasta aquí, funciona como una estrategia de presentación ante nuestro grupo social; es una función adaptativa del ser humano.

El problema es cuando se cronifica y extiende a numerosos contextos. Es una situación que empeora con el uso y abuso de las redes sociales, donde es frecuente que personas influyentes en las poblaciones más jóvenes dediquen gran parte de su contenido a despotricar sobre esto y aquello como estrategia de captación de seguidores o para crear debate e intercambio de comentarios.

Diversas investigaciones han confirmado que el cerebro humano está diseñado para identificar amenazas y problemas, lo que explica por qué es tan fácil centrarse en lo negativo y por qué algunas personas tienden a quejarse más que otras. Se trata de un mecanismo evolutivo con un origen protector: el cerebro tiende a fijarse en lo negativo porque le permitía enfrentarse a un peligro real hace miles de años, aumentando así las opciones de supervivencia.

Este efecto, denominado *sesgo de negatividad*, puede volverse contraproducente en el entorno moderno, ya que focalizarse en lo malo de manera continua puede alterar la forma en que las personas ven el mundo y promover así nuevas interacciones basadas en la queja.

Algunos estudios señalan que el acto de lamentarse puede provocar cambios estructurales en el cerebro que, a su vez, generan problemas en la resolución de problemas y la función cognitiva. Esto significa que las personas quejumbrosas pueden ver mermadas funciones como la resolución de problemas, la toma de decisiones o la planificación. Este efecto genera aún más frustración y, en consecuencia, más quejas.

Además, se ha observado que la queja cotidiana se correlaciona con la sintomatología ansioso-depresiva. En concreto, con pensamientos intrusivos, rumiaciones, baja autoestima, cansancio y fatiga mental. Por ello, los individuos que no paran de lamentarse por todo suelen ser más pesimistas y menos resilientes frente a las adversidades.

Estrategias para cambiar de actitud

A continuación, explicamos algunas formas de interacción y afrontamiento recomendadas en consulta psicológica:

1. **Practicar la gratitud**

   Centrar la atención en el momento presente y enfocarse en lo que tenemos favorece el agradecimiento. Registrar las cosas por las que podemos sentirnos agradecidos en un diario ayuda a cambiar la perspectiva.

2. **Buscar soluciones**

   Hacer, por ejemplo, una lista de posibles acciones para mejorar una situación nos da una sensación de control y reduce la frustración.

3. **Prestar atención a nuestras palabras**

   La psiconeurolingüística nos enseña que ser conscientes del lenguaje que utilizamos y modificarlo para que sea más positivo o neutral nos puede ayudar a cambiar el patrón de pensamiento.

4. **Establecer límites con los demás**

   Este mecanismo de protección implica evitar conversaciones centradas excesivamente en lo negativo o proponer un enfoque más constructivo para los problemas.

Sin duda, ser consciente del hábito malsano de quejarse sin descanso e intentar cambiarlo es esencial para mejorar la calidad de vida. Es un objetivo que forma parte del crecimiento personal de cada individuo y que se puede reforzar con el apoyo de la terapia psicológica.

Antes de quejarse otra vez, tenga en cuenta los efectos cerebrales, emocionales y sociales que conlleva. Y recuerde: la queja no es negativa si no se cronifica. No somos perfectos, somos humanos.

Dosis de vida en la motivación

La motivación y su impacto en nuestras acciones

«La motivación es el proceso adaptativo que energiza y dirige nuestro comportamiento hacia un objetivo o meta. Es un estado de disponibilidad para realizar ciertas acciones tendientes a lograr algo que se busca o desea. Es importante entender que la motivación es un proceso dinámico, fluctuante en el tiempo y en distintos contextos o situaciones, y que está influida por muchos factores».[42]

Dos tipos de motivaciones: extrínsecas e intrínseca

La motivación extrínseca está relacionada con la expectativa de los incentivos y resultados de una acción; es decir, realizar una actividad como medio para conseguir un fin. Un buen ejemplo de la motivación extrínseca son las conductas que se realizan para obtener dinero, que funciona como un motivador externo.

En cambio, la motivación intrínseca se relaciona con el propio valor en sí mismo de la conducta: «es decir, cuando nos encontramos motivados realizando una actividad por el mero placer de realizarla, sin que haya una recompensa externa de por medio. Un ejemplo podría ser aprender a tocar un instrumento musical».

Aspectos a considerar sobre la motivación en diferentes ámbitos

- **Físicos**: mayor activación y energía, menos dolor muscular, mejora de los hábitos de sueño.
- **Emocionales**: ilusión, felicidad, confianza.

---

42 Ocho hábitos sencillos para mantener alta nuestra motivación diaria - Infobae. https://www.infobae.com/salud/2024/11/02/ocho-habitos-sencillos-para-mantener-alta-nuestra-motivacion-diaria/

- **Laborales**: mejor rendimiento, mejor adaptación al equipo, satisfacción profesional.
- **Relacionales**: mejora en la comunicación con familia, amigos y pareja.

El papel del cerebro en la motivación

La motivación involucra varias regiones del cerebro, principalmente la amígdala y la corteza prefrontal, que deben colaborar eficazmente para generar una acción adecuada. Es imprescindible mantener el cerebro enfocado en nuestras metas, sin distracciones. La amígdala, centro emocional, regula la respuesta al miedo y puede impulsar la acción; sin embargo, un exceso de ansiedad puede resultar paralizante. Por su parte, la corteza prefrontal interviene al planificar, dividir tareas en pasos más pequeños y utilizar funciones ejecutivas superiores para alcanzar los objetivos.

La dopamina también juega un papel fundamental en la motivación. Este neurotransmisor permite aprender de las experiencias y ayuda a decidir acciones que conducen a resultados positivos. La dopamina se libera en oleadas que afectan al núcleo accumbens, una región clave en la recompensa y el esfuerzo. Está relacionada no solo con el placer, sino también con el deseo, y es un motor que impulsa la acción.

Mantener la motivación

Para mantener la motivación, es fundamental evitar estímulos que promuevan actividades no deseadas, como las «tentaciones constantes» de las redes sociales, que distraen de los objetivos reales. Además, se deben buscar métodos que desencadenen la liberación de dopamina al realizar tareas necesarias, asociándolas con experiencias gratificantes.

Dosis de vida en la desmotivación

En el otro extremo se encuentra la desmotivación. Cuando los objetivos vitales no se logran y esta situación persiste, es común que surjan emociones como la tristeza, que drenan la energía. Con el tiempo, esta falta de progreso puede apagar la motivación y las ilusiones de lograr los objetivos: «Estar desmotivados va a generar que nos sea mucho más difícil llevar a cabo una tarea. Así, van a aparecer cogniciones disfuncionales y emociones negativas, impactando en nuestro rendimiento».

Cómo aumentar la motivación

1. **Identificar las metas**: es fundamental conocer qué objetivos nos impulsan y evaluar si realmente son importantes para nosotros.
2. **Establecer metas realistas**: esto evita emociones negativas y refuerza la percepción de autoeficacia.
3. **Planificar tareas**: organizar las actividades del día a día facilita el cumplimiento de objetivos y mejora los resultados.
4. **Anticipar obstáculos**: identificar posibles problemas permite preparar soluciones, reduciendo la frustración.
5. **Identificar causas de desmotivación**: reconocer qué nos afecta —como cansancio, soledad o pérdidas— ayuda a recuperar energía.
6. **Lograr un compromiso real**: definir fechas límite convierte los deseos en acciones concretas.
7. **Hacer un balance de pros y contras**: evaluar los beneficios y desafíos ayuda a aumentar la motivación o decidir discontinuar esfuerzos infructuosos.
8. **Ser positivos**: enfocarnos en el aprendizaje de las experiencias promueve un cambio de perspectiva.

Dosis de vida en la soledad

La soledad no es un problema en sí misma, sino el no saber gestionarla adecuadamente. «Estar solo significa ser capaz de estar con uno mismo», lo que subraya la importancia de aprender a disfrutar de la propia compañía.

El primer paso hacia una mejor gestión de la soledad es evitar la inactividad mental. Cuando una persona está sola y sin hacer nada, es común que surjan pensamientos negativos, a menudo relacionados con experiencias pasadas: «Muchas veces, si estamos solos y sin hacer nada, nos vienen pensamientos negativos, en ocasiones relacionados con el pasado».[43]

Controlar los pensamientos negativos

Citando al Nobel de Medicina japonés Susumu Tonegawa, la nostalgia puede emerger en estos momentos, afectando el estado de ánimo de forma imprevista. La clave está en «aprender a controlar los pensamientos que saltan, suben y bajan en nuestro escenario mental».

Para evitar que la soledad se convierta en una experiencia negativa, es importante realizar actividades que estimulen la mente y aporten bienestar: «Tomar nota de algo, leer un buen libro o escuchar música» son pasatiempos recomendados. Estas actividades mantienen la mente activa y redirigen los pensamientos hacia un estado más positivo.

La reflexión destaca la importancia de encontrar un equilibrio entre estar solo y mantener la mente ocupada. En un mundo que avanza rápidamente, saber encontrar la paz en la propia compañía es un acto de autocuidado fundamental. Aprovechar los momentos de soledad para conectar con el yo interior transforma la experiencia en una oportunidad de crecimiento personal.

---

43 Estar sola es posible sólo si sabes hacer esto, explica el psiquiatra Enrique Rojas. https://www.larazon.es/gente/estar-sola-control-vida-pensamientos-explica-psiquiatra-enrique-rojas_20241024671a6a5dd8f8950001cf1c0a.html

Dosis de vida en la felicidad

Karl Jung decía que la base de la felicidad es averiguar en qué crees y vivir acorde con esas creencias. No fue el primer ni el último psicólogo en dar su propia definición de lo que es la felicidad. Brooks no es una excepción. Para él, «la felicidad es una combinación de tres fenómenos» que define como los macronutrientes de este estado de plenitud que todos ansiamos.[44]

Eso sí, antes de lanzarnos a esta búsqueda personal en la que todos nos embarcamos en un momento u otro de nuestra vida, evitemos estos dos errores habituales:

- **La felicidad no es un sentimiento:** «No lo es», afirma, «los sentimientos son indicios de felicidad, pero no son la felicidad». Esta confusión puede llevarnos a pensar que ser felices es lo mismo que sentir emociones positivas, y nada está más lejos de la realidad.
- **La felicidad no es absoluta:** «Vas a tener experiencias malas y debes tenerlas para crecer, para aprender. También vas a tener emociones negativas, porque son señales de lo que está pasando fuera de ti».

Y dicho esto, pasemos a esos tres fenómenos que configuran la felicidad:

El disfrute

«La gente más feliz es la que disfruta de su vida». Y es que el primer pilar de la felicidad, según el experto, es el disfrute. Pero ¿qué significa disfrutar desde el punto de vista de la psicología?

Se trata de experimentar y apreciar momentos de bienestar, satisfacción y placer en el día a día, manteniendo una actitud

---

44 Arthur brooks, investigador del bienestar emocional: «La felicidad es una combinación de 3 fenómenos». https://www.cuerpomente.com/psicologia/arthur-brooks-investigador-bienestar-emocional-felicidad-es-combinacion-3-fenomenos_14085

positiva hacia la vida en general. No se trata solo de buscar experiencias placenteras, sino de tener una disposición mental que permita encontrar valor y significado en los diferentes aspectos de la vida, incluso en los momentos más complicados.

Lo mejor del disfrute es que está al alcance de todos. Basta con aprender a conectar con el presente, agradecer cada pequeño regalo que nos da la vida y ser compasivos con nosotros mismos, entendiendo nuestras limitaciones y errores sin castigarnos.

La satisfacción

El segundo pilar de la felicidad es la satisfacción. Este concepto es clave en la psicología, puesto que se refiere al sentimiento de contento o realización que experimentas cuando logras tus metas, necesidades o deseos. La satisfacción se basa en mirar tu vida y tus logros personales a lo largo del tiempo, en sentir orgullo y bienestar gracias a ellos.

Para poder conectar con este elemento fundamental de la felicidad, deben cumplirse algunos requisitos:

- La satisfacción está claramente relacionada con la necesidad, por lo que tus necesidades fundamentales, como la seguridad, la pertenencia o la autoestima, deben estar cubiertas para que puedas sentirte satisfecho con tu vida.
- Es importante mantener un equilibrio saludable entre tus expectativas y tus logros. Dado que la satisfacción está directamente relacionada con la brecha entre lo que esperas y lo que realmente obtienes, cuanto más pequeñas sean esas diferencias, más satisfecho te sentirás.

Prueba a evaluar tu vida con retrospectiva, intentando observar cuánto has avanzado en diferentes áreas, para mirar con buenos ojos todo lo que has conseguido.

El sentido

Para saber si has encontrado el sentido a tu vida, debes poder contestar dos preguntas: ¿por qué estás vivo?, ¿qué razón hay? ¿Y por qué estarías dispuesto a dar tu vida ahora mismo? Estas son dos preguntas indispensables a las que se tiene que poder dar respuesta, pero el problema es que mucha gente no puede contestarlas, explica el experto.

Si a ti también te cuesta responder a estas preguntas, no te preocupes. A la inmensa mayoría de las personas les sucede. Por eso, un consejo más: «El sentido de la vida está compuesto por tres partes»:

- **La coherencia**: las cosas pasan por una razón; así que el hecho de que estés vivo no es un simple fenómeno biológico. Estás en este mundo por una razón.

- **El significado**: la razón de mi existencia, saber por qué importa que esté aquí. Todas las personas del mundo, cada ser vivo, tienen un valor inherente. Están en este mundo por algo, y encontrar esa razón es esencial para ser feliz.

- **El propósito**: es la dirección y los retos que tiene tu vida. «Mucha gente piensa que el sentido y el propósito son lo mismo, pero no es así. El propósito es lo que guía tus pasos».

Dosis de vida en la mente con sentido

Hemos perdido la capacidad de concentración. La era moderna es la de la competencia por la atención. Es probable que hayas notado que cada vez te cuesta más mantener el foco, que tu mente se pone en escenarios catastróficos sin tu permiso y acabas perdiendo la motivación por aquello que realmente te apasiona.

Sin embargo, la mente humana es también una valiosa herramienta. Tiene la capacidad de arruinarte la vida o de ofrecerte una vida llena de sentido. Pero ¿cómo podemos hacer que juegue a nuestro favor?[45]

El auténtico poder de la mente

Pareciera que el mundo en el que vivimos se configurase bajo sus propias reglas. Esto hace que, en ocasiones, nos sintamos a merced de las circunstancias. No son pocas las veces que escuchamos a otros, o a nosotros mismos, decir: «Tuve mala suerte», «la vida es muy difícil», «ya no hay oportunidades para gente como yo».

Estos pensamientos, que permanecen instalados en una parte oscura de nuestra mente, responden a lo que los expertos llaman *sesgo de negatividad*. Es decir, la mente humana está configurada para prestar atención a lo negativo.

Este cambio de perspectiva, fácil de decir y difícil de realizar, puede cambiar nuestra vida de forma radical. Aunque, para ello, «hay que entrenarlo».

Visualización e imaginación

¿Es posible hacer realidad aquello que imaginamos por el simple hecho de visualizarlo? La ciencia dice que sí. Por supuesto, no es un proceso sencillo. Se trata del poder particular de la mente.

---

45 https://www.cuerpomente.com/psicologia/mario-alonso-puig-medico-investigador-felicidad-mente-humana-tiene-capacidad-arruinarte-vida-ofrecerte-vida-llena-sentido_14146

Si permites que tu mente se pierda en un diálogo interno negativo, «no tendrás ninguna oportunidad, no porque la vida no te lo ofrezca, sino porque tu representación interna se encargará de destruir cualquier oportunidad que aparezca en tu vida».

Aprovecha tu mente a tu favor

Teniendo esto en cuenta, la mente «es un instrumento, usémoslo a nuestro favor, no en contra». Lleva a tu mente, de forma consciente, a un mundo de entusiasmo e ilusión. De esa forma, conseguirás que tu vida se llene de oportunidades.

Consejos prácticos para aprovechar la mente

- **Ejercicio físico**: el control de la mente comienza por el cuidado del cuerpo.
- **Atención plena**: practica la meditación y el *mindfulness* para entrenar tu atención.
- **Journaling**: lleva un diario de visualizaciones y gratitud.
- **Influencias positivas**: rodéate de personas que conviertan las dificultades en oportunidades.

Dosis de vida en los celos[46]

Son una emoción compleja y universal que nace de temores profundos, inseguridades y una necesidad de proteger nuestros vínculos afectivos. Lejos de ser una prueba de amor, los celos suelen ser una respuesta emocional que nos alerta ante la posibilidad de perder a alguien importante.

Esta sensación ha sido estudiada en múltiples contextos, desde relaciones de pareja hasta la convivencia familiar y laboral.

¿Por qué surgen los celos?

Aunque culturalmente se asocia los celos con el amor, esta emoción surge de la inseguridad personal, el miedo a la pérdida y experiencias de apego en la infancia. En la década de 1990, una investigación de la Universidad de Nueva York exploró esta raíz emocional, revelando que las personas con baja autoestima y antecedentes de apego no seguro suelen experimentar celos intensos y difíciles de controlar.

Según el estudio, la falta de un vínculo seguro en los primeros años de vida incrementa la probabilidad de desarrollar celos enfermizos y comportamientos posesivos en la adultez.

Por otro lado, estos comportamientos suelen estar asociados con actitudes agresivas y de dominación hacia la pareja, un fenómeno que los especialistas consideran preocupante por el impacto que tiene en la salud emocional y en la dinámica de pareja.

¿Qué ocurre en el cerebro cuando sentimos celos?

Los celos activan las mismas áreas cerebrales relacionadas con el dolor físico y la recompensa. Cuando alguien percibe una amenaza de exclusión, el cerebro responde de manera similar a un daño físico, lo que explica la intensidad de esta emoción.

---

46 Los celos: una mirada profunda a esta compleja emoción. https://www.elmanana.com/noticias/curiosidades/los-celos-una-mirada-profunda-a-esta-compleja-emocion/5910566

Las regiones involucradas incluyen la corteza cingulada y la amígdala, áreas vinculadas al procesamiento de emociones y al sistema de recompensa. Esta activación no solo genera angustia, sino que también refuerza la necesidad de recuperar la atención o el afecto de la persona deseada, un ciclo que puede derivar en comportamientos obsesivos o controladores.

Los celos son una emoción natural, pero si se dejan sin control, pueden transformarse en una fuente de sufrimiento tanto para la persona que los siente como para quienes le rodean. Esta emoción nos enfrenta a nuestras inseguridades y al miedo a la pérdida, un recordatorio de que la estabilidad en las relaciones depende de la confianza, la comunicación y el crecimiento personal. Pide apoyo si esto empieza a alterar tu vida.

Dosis de vida en la soltería

Cada 11 de noviembre, el Día del Soltero celebra la soltería y el amor propio, un concepto que comenzó como un alivio en una sociedad donde el matrimonio es altamente valorado, especialmente en la cultura china.

Este día, también llamado «Doble 11», representa la independencia individual y, con el tiempo, se ha convertido en un evento de consumo masivo que compite en ventas con otros eventos comerciales globales como el Black Friday. Lo que empezó como un espacio para disfrutar de la soltería sin presiones sociales pronto se popularizó en el sudeste asiático y otras partes del mundo.[47]

La soledad es una experiencia universal que puede manifestarse de diversas formas en nuestras vidas. En ocasiones, la ausencia de una pareja puede llevarnos a sentirnos solos o desamparados. Sin embargo, es importante recordar que la soledad no tiene por qué ser sinónimo de sufrimiento.

Para ayudarte a sobrellevar este sentimiento de manera saludable y constructiva tu soltería, te presento 10 consejos prácticos que pueden ser de gran ayuda:

1. **Conéctate contigo mismo**: aprovecha este tiempo a solas para conocerte mejor, reflexionar y fortalecer tu autoestima.
2. **Cultiva tus relaciones sociales**: mantén contacto con amigos y familiares, comparte actividades y experiencias que te hagan sentir acompañado.
3. **Dedica tiempo a tus pasiones**: descubre o retoma hobbies que te apasionen, esto te ayudará a mantener tu mente ocupada y enfocada en lo positivo.

---

47 Día del Soltero; ¿por qué se celebra el 11 de noviembre y cuál es su origen? https://www.eluniversal.com.mx/tendencias/dia-del-soltero-por-que-se-celebra-el-11-de-noviembre-y-cual-es-su-origen/

4. **Practica la gratitud**: agradece por las pequeñas cosas de la vida, enfócate en lo que tienes en lugar de lo que te falta.

5. **Establece rutinas saludables**: cuida tu alimentación, realiza ejercicio físico y procura descansar lo suficiente para mantener tu bienestar físico y emocional.

6. **Aprende a disfrutar de tu propia compañía**: aprende a disfrutar de los momentos a solas, practica la meditación o simplemente date un tiempo para relajarte y consentirte.

7. **Busca ayuda profesional si es necesario**: si sientes que la soledad te abruma o afecta tu bienestar emocional, no dudes en buscar la ayuda de un profesional de la salud mental.

8. **Participa en actividades grupales**: **ú**nete a grupos o comunidades con intereses similares a los tuyos, esto te permitirá conocer gente nueva y ampliar tu círculo social.

9. **Acepta tus emociones**: permítete sentir tristeza, nostalgia o cualquier otra emoción que surja, pero no te quedes estancado en ellas, busca formas positivas de gestionarlas.

10. **Visualiza un futuro lleno de posibilidades**: enfócate en tus metas y sueños, visualiza un futuro emocionante y motivador que te impulse a seguir adelante con optimismo.

Recuerda que la soledad puede ser una oportunidad para crecer, conocerse a uno mismo y fortalecer nuestras relaciones con los demás. ¡No temas a la soledad, abrázala como una oportunidad de crecimiento personal!

Dosis de vida para afrontar la soledad sin pareja

La soledad puede ser un sentimiento abrumador, especialmente cuando no tenemos una pareja a nuestro lado. Sin embargo, es importante recordar que estar solo no significa estar condenado a la infelicidad. A continuación, te presento 10 consejos prácticos para sobrellevar la soledad sin pareja y encontrar la felicidad plena:

1. **Autoconocimiento**: dedica tiempo a conocerte a ti mismo, tus gustos, intereses y metas. Aprender a disfrutar de tu propia compañía es el primer paso para sentirte pleno.
2. **Desarrolla tus pasiones**: dedica tiempo a actividades que te apasionen. Ya sea leer, pintar, hacer ejercicio o cualquier otra actividad, encontrarás satisfacción en aquello que te hace feliz.
3. **Mantén relaciones sociales**: cultiva amistades y relaciones significativas. Compartir momentos con amigos y familiares puede brindarte apoyo emocional y compañía.
4. **Practica la gratitud**: aprende a valorar las pequeñas cosas de la vida y agradecer por lo que tienes. La gratitud te ayudará a enfocarte en lo positivo y a sentirte más pleno.
5. **Cuida tu bienestar emocional**: dedica tiempo a cuidar tu salud mental. Practica la meditación, el *mindfulness* o busca ayuda profesional si lo necesitas.
6. **Establece metas**: define objetivos claros y trabaja para alcanzarlos. Tener metas te dará un propósito y te mantendrá enfocado en el futuro.
7. **Aprende algo nuevo**: la educación continua es clave para el crecimiento personal. Aprender algo nuevo te mantendrá motivado y estimulado intelectualmente.
8. **Cuida tu salud física**: mantén una alimentación equilibrada, haz ejercicio regularmente y duerme lo suficiente.

El bienestar físico influye en tu estado de ánimo y en tu sensación de plenitud.

9. **Disfruta de la soledad**: aprende a disfrutar de estar solo. La soledad puede ser un espacio de reflexión, creatividad y descubrimiento personal.

10. **Busca ayuda si lo necesitas**: no dudes en pedir ayuda si sientes que la soledad está afectando tu bienestar emocional. Un profesional de la salud mental puede brindarte el apoyo necesario.

Sobrellevar la soledad sin pareja no es fácil, pero con estos consejos podrás encontrar la felicidad plena en tu vida diaria. Recuerda que el amor propio y el autocuidado son fundamentales para sentirte pleno y satisfecho, independientemente de tu situación sentimental.[48]

---

48 ▷ 10 consejos prácticos para sobrellevar la soledad sin pareja. https://psicologiaya.com/resiliencia/como-manejar-la-soledad-por-no-tener-pareja/

Dosis de vida en alcanzar la estabilidad de pareja

Para alcanzar esa anhelada estabilidad en pareja, es fundamental cultivar ciertas actitudes y hábitos que favorezcan la conexión emocional y el entendimiento mutuo. Aquí te presento algunos consejos prácticos que pueden guiarte en este apasionante recorrido:

1. **Autoconocimiento**: antes de embarcarte en la búsqueda de una pareja estable, es fundamental que te conozcas a ti mismo, identificando tus valores, fortalezas, debilidades y metas personales.
2. **Comunicación efectiva**: la comunicación es la piedra angular de toda relación exitosa. Aprender a expresar tus pensamientos, emociones y necesidades de manera clara y respetuosa es esencial para construir una conexión profunda con tu pareja.
3. **Respeto y empatía**: cultivar el respeto mutuo y la empatía hacia las vivencias y perspectivas de tu pareja fortalecerá el vínculo emocional y la confianza en la relación.
4. **Compromiso y flexibilidad**: el compromiso con la relación y la disposición a adaptarse a los cambios y desafíos que surjan en el camino son pilares fundamentales para construir una pareja estable y resiliente.
5. **Tiempo de calidad**: dedica tiempo de calidad a compartir momentos significativos con tu pareja, fortaleciendo así la conexión emocional y el disfrute mutuo.

En esta hermosa travesía hacia una relación de pareja estable, recuerda que el amor requiere dedicación, esfuerzo y cuidado constante. En la búsqueda de una relación amorosa duradera y significativa, es fundamental seguir ciertos pasos que aumenten las posibilidades de encontrar esa persona especial. A continuación, se presentan siete pasos efectivos que te ayudarán a encontrar pareja en poco tiempo:

1. **Conócete a ti mismo**: antes de embarcarte en la búsqueda de una pareja, es importante tener claridad sobre tus valores, intereses y metas en la vida. Conocerte a ti mismo te permitirá identificar qué es lo que realmente buscas en una relación.

2. **Define tus prioridades**: una vez que tengas claridad sobre tus propias necesidades y deseos, es crucial establecer qué aspectos son fundamentales para ti en una pareja. Ya sea la honestidad, la compatibilidad emocional o intereses compartidos, identifica aquellas características que son imprescindibles para ti.

3. **Expande tu círculo social**: ampliar tu red de contactos aumenta las posibilidades de conocer a personas nuevas y potencialmente compatibles contigo. Participa en actividades que disfrutes, asiste a eventos sociales y considera unirte a grupos o clubes con intereses comunes.

4. **Mantén una actitud abierta**: es importante estar dispuesto a conocer a personas diferentes a ti y estar abierto a nuevas experiencias. No te cierres a oportunidades por prejuicios o expectativas rígidas.

5. **Comunica tus intenciones claramente**: cuando conozcas a alguien que te interese, asegúrate de expresar tus intenciones de manera clara y honesta. La comunicación abierta desde el principio es esencial para establecer una base sólida en la relación.

6. **Desarrolla una conexión emocional**: la construcción de una conexión emocional profunda es vital en una relación de pareja. Dedica tiempo a conocer a la otra persona en un nivel más íntimo, compartiendo pensamientos, emociones y experiencias.

7. **Da tiempo al tiempo**: encontrar una pareja estable no sucede de la noche a la mañana. Es fundamental tener paciencia y permitir que la relación se desarrolle de manera natural, sin apresurarse ni forzar situaciones.

Al seguir estos siete pasos efectivos, estarás más cerca de encontrar una pareja que comparta tus valores y objetivos, construyendo juntos una relación sólida y significativa en el tiempo. En la búsqueda de una relación de pareja duradera y estable, es fundamental tener en cuenta ciertos aspectos que pueden facilitar este proceso. A continuación, te presento algunas recomendaciones clave:

1. **Autoconocimiento**: antes de buscar una pareja estable, es importante conocerse a uno mismo. Reflexionar sobre nuestras necesidades, deseos, valores y metas nos ayudará a elegir a alguien compatible.
2. **Comunicación efectiva**: la comunicación es la base de una relación sólida. Es fundamental expresar nuestras emociones, pensamientos y expectativas de manera clara y respetuosa.
3. **Respeto mutuo**: en una relación de pareja estable, el respeto mutuo es esencial. Valorar las opiniones, espacios y diferencias del otro fortalece el vínculo emocional.
4. **Compromiso**: estar dispuesto a invertir tiempo, esfuerzo y energía en la relación es fundamental para construir una conexión sólida y duradera.
5. **Apoyo emocional**: brindar apoyo emocional y estar presente en los momentos difíciles es clave para fortalecer la relación y crear un ambiente de confianza.[49]

---

49   ▷ Consejos prácticos para encontrar una pareja estable. https://psicologiaya.com/relaciones/como-encontrar-pareja-estable-5-consejos-practicos/

Dosis de vida en una pareja que prioriza a su familia

Es común encontrarse en una relación donde la pareja prioriza a su familia sobre ti. Esta situación puede generar conflictos y sentimientos de incomodidad si no se maneja adecuadamente. A continuación, te brindaré algunos consejos prácticos para lidiar con esta situación de manera saludable:

- **Comunicación abierta y honesta**: es fundamental expresar tus sentimientos y preocupaciones a tu pareja de manera clara y respetuosa. La comunicación abierta puede ayudar a resolver malentendidos y fortalecer la relación.
- **Establecer límites**: es importante establecer límites saludables en la relación. Conversa con tu pareja sobre la importancia de encontrar un equilibrio entre la familia y la pareja.
- **Buscar compromisos**: trabaja en conjunto para encontrar soluciones que satisfagan las necesidades tanto de la pareja como de la familia. Buscar compromisos puede ayudar a evitar conflictos y mejorar la convivencia.
- **Reflexionar sobre tus propias expectativas**: es importante reflexionar sobre tus propias expectativas en la relación. Aceptar que tu pareja tiene vínculos familiares fuertes y respetarlos puede contribuir a una convivencia armoniosa.
- **Buscar apoyo profesional si es necesario**: si sientes que la situación te sobrepasa o genera malestar emocional, considera buscar apoyo profesional. Un terapeuta puede ayudarte a gestionar tus emociones y encontrar estrategias para mejorar la relación.[50]

---

50 ▷ Cómo lidiar con una pareja que prioriza a su familia: consejos prácticos. https://psicologia-ya.com/prioridades/mi-pareja-antepone-a-su-familia-que-puedo-hacer/

Dosis de vida en mis padres tóxicos

Los padres tóxicos pueden hacerte la vida imposible. Son manipuladores, controladores y críticos. Te dificultan separarte emocionalmente de ellos para que puedas tomar tus propias decisiones, establecer tus propias metas y vivir una vida que te haga feliz. En cambio, es posible que te encuentres cuestionando tus decisiones, sintiéndote nunca lo suficientemente bueno y lleno de culpa cuando les dices que no. Si no se controlan, los padres tóxicos pueden apoderarse de tu vida y causar un daño psicológico significativo. No es raro que los hijos adultos de padres disfuncionales, alcohólicos o tóxicos se sientan atrapados e incapaces de defenderse y traten en vano de apaciguar a sus padres.

Tienes una opción

Una de las mejores cosas de ser adulto es que puedes decidir qué tipo de relación tienes con tus padres. Es posible que tengas más opciones de las que crees. Como terapeuta que ayuda a adultos a lidiar con padres tóxicos, una de las mayores barreras que veo es que los hijos adultos sienten que no pueden tomar sus propias decisiones. Piensan que tienen que seguir haciendo lo que siempre hacen (lo que sus padres quieren que hagan).

Tu relación con tus padres no tiene por qué ser así. Si bien no puedes cambiar a tus padres ni cambiar mágicamente tus relaciones, puedes comenzar a romper los patrones de disfunción de tu familia. Puedes decidir cómo y cuándo conectarte con tus padres. Puedes decidir lo que es adecuado para ti.

1. **Deja de intentar complacerlos:** es normal querer la aprobación de tus padres, pero los padres tóxicos son casi imposibles de complacer. Más importante aún, esta es tu vida y tienes derecho a tomar tus propias decisiones y hacer lo que te hace sentir bien. Vivir de acuerdo con

los valores y objetivos de otra persona puede hacerte crónicamente infeliz e insatisfecho.

Si vives una vida tratando de complacer a tus padres, serás su cautivo, siempre buscando la aprobación y el amor de aquellos que tal vez no puedan darte. Cuando les das este poder, dejas que tus padres determinen tu autoestima, diciéndote si eres inteligente, exitoso, un buen padre, una persona digna, etc.

Preguntas reflexivas: ¿qué puedes hacer para complacer a tus padres, aunque no sea por ti? ¿Qué necesitas hacer por ti mismo incluso si tus padres no están de acuerdo?

2. **Establecer y hacer cumplir los límites:** los límites nos ayudan a establecer expectativas y límites claros sobre cómo nos tratan los demás. Los límites crean un espacio emocional y físico entre tú y tus padres. Probablemente sea algo que no tuviste cuando eras niño, por lo que puede ser incómodo establecer límites y comenzar a decirles a tus padres cómo quieres que te traten. Las personas tóxicas se resisten a los límites, quieren el control.

Es difícil trazar una línea con las personas tóxicas porque no respetan los límites, pero no dejes que eso te detenga. Los límites son esenciales para todas las relaciones saludables. Recuerda, es posible limitar el contacto con los padres, decirles que no, llegar tarde o irse temprano. Está bien no tener contacto con tus padres. ¡No les debes nada! Las relaciones deben construirse sobre el respeto, y no puedes respetar a las personas que te han estado tratando mal.

Preguntas reflexivas: ¿qué límites necesitas tener con tus padres? ¿Qué pasos puedes tomar para establecer estos límites?

3. **No intentes cambiarlos:** tratar de cambiar a alguien que no quiere cambiar es una pérdida de energía (y puede volverte muy frustrante). En su lugar, concéntrate en

cómo puedes controlar la forma en que respondes a tus padres, sus elecciones y comportamientos.

Preguntas reflexivas: ¿cómo tratas de cambiar o arreglar a tus padres? ¿Cómo te sientes cuando inevitablemente no puedes cambiarlos? En cuanto a tu relación con tus padres, ¿qué puedes controlar?

4. **Sé consciente de lo que compartes con ellos:** la confianza es una parte esencial de las relaciones saludables, y solo debemos compartir información personal con aquellos que demuestren que son dignos de confianza.

   Desafortunadamente, si tus padres chismean, critican, comparten cosas sobre ti o usan las cosas que les dices en tu contra sin tu permiso, probablemente no entren en esta categoría. No tienes la obligación de contarles todo (o nada) que sucede en tu vida o responder a sus preguntas. Solo comparte lo que te sientas cómodo y seguro.

   Preguntas reflexivas: ¿qué es seguro compartir con los padres? ¿Qué no se siente seguro?

5. **Conoce las limitaciones de tus padres y trata de sortearlas, pero solo si así lo deseas:** conozco a muchos hijos adultos de alcohólicos que saben que no pueden cambiar la bebida de sus padres y reconocen que sus padres se vuelven olvidadizos, agresivos o de otra manera después de cierto momento del día (cuando están borrachos). Difícil. Así que planifican llamadas, visitas y reuniones familiares más temprano en el día para evitar el peor comportamiento de los padres.

   Esta puede ser una estrategia de afrontamiento efectiva para algunas personas, pero ciertamente no tienes que planificar tu vida en torno a tus padres. Por el contrario, solo soluciona sus limitaciones si funcionan para ti. Tener una fiesta de cumpleaños por la noche sin invitar a tus padres es perfectamente válido porque no quieres que la arruinen. Recuerda, tienes opciones y no tienes que justificarlas ante tus padres. **Preguntas reflexivas**: ¿hay alguna forma de sortear las restricciones de tus padres? ¿Estos compromisos realmente funcionan para ti? Si no, ¿qué cambios necesitas hacer?

6. **Ten siempre una estrategia de salida:** cuando las cosas empiecen a ir mal, tómalo como una señal de que te vas (o de que vas a hacer que tus padres se vayan). Las cosas pueden empeorar (beben más, se enojan más y son más tercos). Así que es más seguro terminar su tiempo juntos a la primera señal de problemas. No estás obligado a quedarte por ser cortés o para hacer felices a tus padres. **Preguntas reflexivas**: ¿cómo puedo salir del dilema de mis padres? ¿Tú y tu cónyuge o pareja tienen señales para saber cuándo es el momento de irse? Si no, ¿ayudaría?

7. **No intentes razonar con ellos:** no hay manera de razonar con alguien que es irracional, emocionalmente inmaduro o intoxicado, así que no gastes mucha energía tratando de que tus padres comprendan tu punto de vista. Aceptar que no puedes tener una relación sana y madura con ellos porque son de mente cerrada o tienen problemas de empatía puede ser triste y frustrante.

   Ten confianza en tus preocupaciones, pero al mismo tiempo, no esperes que a tus padres les importe o entiendan tu punto de vista. Trata de no verte arrastrado a discusiones o luchas de poder que degeneren en abuso odioso y otras conductas irrespetuosas. Como dije antes, no tienes que ir a todos los debates a los que te inviten. En su lugar, elige irte.

   Preguntas reflexivas: ¿cómo te cuidas o te desconectas cuando tus padres no pueden ver tus puntos de vista o no están interesados en tus puntos de vista?

8. **No tienes que obedecer a tus padres:** este es un tipo de límite muy necesario. Las personas tóxicas lo toman y lo toman a menos que les digas que no a sus exigencias

desmedidas. Si es factible y apreciado, puedes ayudarlos, pero no tienes la obligación de ser su conductor, sirviente, jardinero o terapeuta, especialmente si siguen tratándote mal. Tampoco tienes que ser su mandado, están de guardia las 24 horas del día, los 7 días de la semana. Tampoco tienes que contestar sus llamadas o responder sus mensajes de texto de inmediato.

Preguntas reflexivas: ¿cómo se aprovecharon tus padres de tu amabilidad y esperaron que estuvieras allí las 24 horas del día, los 7 días de la semana para satisfacer sus demandas? ¿Cómo es darse cuenta de que no estás obligado a hacer cosas por ellos? ¿Puedes liberar algo de culpa al recordar que estableces límites saludables y te cuidas como cualquier otro adulto?

9. **No tienes que pasar las vacaciones con tus padres:** ¡así es! Te mereces unas vacaciones, lo que puede significar alejarte de tus padres. En algunas familias, mantener las tradiciones familiares puede ser estresante, pero a menudo a expensas del propio bienestar y tranquilidad. Ahora podría ser un buen momento para comenzar tu propia tradición navideña o pasar las fiestas de manera creativa. Tal vez quieras celebrar el Día de los Amigos o irte de vacaciones durante las vacaciones.

    Preguntas reflexivas: ¿qué tradiciones navideñas te gustaría cambiar u omitir porque causan estrés o conflicto familiar? ¿Cómo creas vacaciones que te hagan feliz y reflejen lo que es importante para ti?

10. **Cuídate:** lidiar con padres tóxicos crea estrés que puede dañar tu salud emocional y física. Debes cuidarte más. Comienza con lo básico, como comer de manera saludable, descansar y dormir lo suficiente, hacer ejercicio, conectarte con personas positivas, reconocer tus sentimientos y brindarles una salida saludable, obtener apoyo y divertirse. Es más fácil establecer límites, elegir

diferentes respuestas o separarse cuando estás en tu mejor momento físico y emocional.

Preguntas reflexivas: tómate unos minutos para sentarte en silencio contigo mismo. ¿Qué piensas? ¿Qué es lo que necesitas ahora? ¿Cómo puedes darte más de lo que necesitas? El cambio comienza contigo.[51]

---

51 10 consejos para lidiar con padres tóxicos. https://psicologiaya.com/blog/10-consejos-para-lidiar-con-padres-toxicos/

Dosis de vida en la adolescencia

Criar adolescentes requiere que entendamos que nuestro trabajo no es controlarlos. Se trata de darles las «ruedas de entrenamiento» de la vida, pautas que les brindan protección y experiencia para que puedan desarrollar el autocontrol.

Consejos para la crianza de adolescentes en el mundo de hoy

- **Conozca a los padres de los amigos de su hijo**

Esto es definitivamente lo más importante que puede hacer si quiere entrar en el mundo de su hijo. Cuando su hijo comience a «colgar» con un niño nuevo, obtenga el número de teléfono, llame a los padres y preséntese. Asegúrese de dejar a los niños en casa para que pueda caminar hasta la puerta y darles la mano a sus padres.

Una vez que los niños comiencen a hacer planes para la fiesta, comuníquese con el otro padre para intercambiar información sobre los toques de queda, las actividades aceptables y las reglas de supervisión. Las respuestas pueden variar desde el alivio de que usted esté tan preocupado como ellos hasta el resentimiento de que espere el apoyo y la participación de los padres.

Los padres con ideas afines serán parte de un sistema de apoyo que mantendrá seguro a su hijo. A los padres no les importa dónde están sus hijos o piensan que está absolutamente bien que estén sin supervisión y drogados, y no responden bien cuando se les pide que respondan de manera responsable. Puede que te sientas frustrado, pero al menos sabrás cuál es tu posición.

- **Comuníquese con estos padres regularmente**

Cuando un adolescente hace un plan que implica quedarse en la casa de otro adolescente o viajar con otros padres a un evento, asegúrese de tener comunicación de padre a padre en algún momento del proceso de planificación. Asegúrese de que su hijo se haya acostado con otro padre que sea muy amable. ¡Es posible que ni siquiera sepan sobre el plan! En su lugar, asegúrese de que el otro padre sepa si va a llevar a su hijo en coche o si lo llevará a un evento. Una vez más, verifique el acuerdo sobre el nivel de supervisión.

• **Establezca la regla de las «Tres W»**

Los adolescentes necesitan decirle adónde van, con quiénes están y cuándo volverán. No es una invasión de la privacidad, es cortesía común. Los compañeros de cuarto adultos a menudo se hacen las mismas cosas. No necesita los detalles, solo el contenido general del plan de la noche. Si algo sale mal, su hijo puede ser encontrado. Quienes se dedican a actividades «legítimas» no necesitan ocultar su paradero.

• **Se respeta la privacidad, pero se rechaza la privacidad**

Tener algo de privacidad es importante para que un niño desarrolle un sentido de independencia, pero debe entender la diferencia entre privacidad y secreto. Su hijo tiene derecho a hablar en privado con amigos, llevar un diario y estar solo sin ser molestado. Pero si sus hijos comienzan a huir, manténgase ocupado. Tranquilo, firme y constante, tienes derecho a saber quiénes son sus amigos y qué hacen juntos. Hable con el maestro sobre quiénes son los amigos de su hijo y comience a construir alianzas con sus padres.

• **Hable con su hijo regularmente sobre su elección de amigos**

Los niños a menudo no se dan cuenta de que se han metido en malas compañías. Les gusta pensar que ven cosas positivas en sus hijos y todos saben que son malas noticias. Pueden sentirse atraídos por algo exótico, diferente y arriesgado. ¡Después de todo, son adolescentes! Parte de la adolescencia es aprender a juzgar el carácter. Mantenga abiertas las líneas de comunicación con su hijo para que puedan hablar sobre su relación.

- **Apoye la participación activa de su hijo en deportes, artes o actividades**

En términos generales, los niños que salen ilesos en su adolescencia son aquellos a los que les apasiona algo y desarrollan un círculo de amistades a su alrededor. Esto podría ser un equipo de fútbol, un estudio de baile, un club de patinetas o un dojo de artes marciales.

Realmente no importa lo que sea, pero lo que importa es que estés involucrado. Se proporciona equipo de juego. Mira prácticas, juegos y actuaciones. Hágale saber a su hijo y a sus amigos que a usted le importa, no tiene que gastar mucho tiempo o dinero. Lleve paletas heladas a todo el grupo en un día caluroso o chocolate caliente en un día frío. Hágale saber a su hijo y a su grupo que está dispuesto a invertir tiempo, dinero y energía para apoyar actividades saludables.

- **Ayude a su hijo a encontrar un trabajo**

Si su hijo pasa demasiado tiempo ocioso y no hace ejercicio ni actividad, al menos déjelo trabajar. Un trabajo puede enseñar habilidades para la vida, consumir tiempo libre y ayudar a los niños a sentirse bien consigo mismos.

- **Cuando suceda algo inaceptable, actúe con rapidez y seguridad**

¿No está tu hijo donde dijo que iría? Ve a buscarlo. ¿La amiga de tu hija invitó a un niño a la casa pensando que estabas dormido? Vístete y lleva a todos a casa. ¿Tu hijo llega a casa borracho? Póngalo a dormir por el resto de la noche, pero acéptelo a primera hora de la mañana. Sea siempre claro, amable y explícito cuando responda a un comportamiento inaceptable, y los niños descubrirán que realmente no lo tolerará.

- **Modele el comportamiento de un adulto cuando tenga conflictos con su adolescente**

Hagas lo que hagas, no grites, amenaces, sermonees o «pierdas los estribos» si no te gusta un comportamiento, una amistad o la forma en que tu hijo interactúa contigo. Te estás volviendo completamente ineficaz contra tu hijo. Si insiste en que los dos se concentren en la resolución de problemas en lugar de gritarse el uno al otro, su hijo lo tomará más en serio.

Recuerde, su influencia depende de su relación con su hijo, no de su fuerza. No puedes dejar que tus hijos hagan nada en esta etapa de la vida. Las amenazas, las rabietas o los intentos de «castigar» o castigar a los adolescentes no ayudarán. De hecho, estas estrategias a menudo incitan a los niños a ser más rebeldes cuando intentan afirmar su independencia.

Dosis de vida con una madre controladora[52]

Eres una persona adulta y tu mamá todavía está tratando de tomar el control de tu vida. Ella desaprueba a tu novio. Cree que tu mejor amigo se está aprovechando de ti. Ella comenta sobre tu peso. Ella «sugiere» que reorganices la sala de estar e «insiste» en que no quiere molestar, pero, ¿por qué no la llamaste en las últimas 48 horas? Finge estar enferma, no puede hacer nada con las tareas que tú sabes que puede hacer y sugiere que no eres una buena hija si tienes otros planes para el fin de semana además de ir de compras con ella al centro comercial.

Sabes que es capaz de cuidar de sí misma. Sabes que no está enferma. A los 60 años, maneja un trabajo exigente de tiempo completo. Todavía es lo suficientemente fuerte para mantener su estufa de leña funcionando durante el invierno y limpiar toda la casa en la primavera. Entonces, ¿por qué cada conversación con ella te hace sentir culpable o enojado?

Es demasiado fácil llamarla «en control», como si eso fuera una explicación. No. Esta etiqueta puede reflejar su ira, pero puede que no describa lo que está pasando en absoluto. Antes de buscar en Internet formas de ponerla en su lugar, hay más que considerar que un diagnóstico amateur que lleva a establecer límites estrictos y mantenerla fuera de tu vida.

Posibles explicaciones para el comportamiento controlador

Tal vez ella está sola y no puede admitirlo a sí misma. Si es viuda o si tu padre es distante y poco comunicativo, es posible que anhele tu compañía. No importa cuán cercanos sean sus amigos, es posible que no la conozcan tan bien como su propia familia.

Si admite que anhela la cercanía, se sentirá demasiado enojada con tu padre como para estar en paz con él, o se sentirá

---

52 ▷ Consejos para lidiar con una madre controladora. https://psicologiaya.com/blog/consejos-para-lidiar-con-una-madre-controladora/

demasiado triste por el final de su vida. Como miembro de la familia, siente que es más capaz de imponerte que cualquier otra persona que conozca. Puede sufrir de ansiedad y tener uno o dos hijos (incluso adultos).

Una madre socialmente fóbica puede desviar su atención de ella hacia ti. Si además tiene agorafobia, entrará en pánico cuando vaya a lugares sin compañía. Incapaz de hacer amigos, depende de ti para conversar y tener compañía.

Tal vez ella está realmente enferma

Pero no quiere enfrentarlo a ti mismo, o no quiere ser una carga para ti. No la ves todo el tiempo. Puede ser que se tome horas para hacer lo que antes tomaba minutos. Ves la estufa encendida o la casa limpia. Sabes que ella va a trabajar todos los días. No puedes ver el costo de que ella haga esto. El análisis de la situación es importante, un buen análisis es la clave para entender cómo manejar esta situación.

Deja ir la «culpa»

Nadie puede «hacerte» sentir culpable. Es más fácil culpar a los demás por hacernos sentir o hacer algo que asumir la responsabilidad de nuestros propios sentimientos y acciones. La culpa de la que hablas podría ser un tira y afloja entre tu amor por tu madre y tu no querer ser el centro de su dependencia, sea cual sea el motivo. También puede ser la forma en que evita tomar medidas. Si no está preparado para ayudar a resolver el problema, al menos puede sentirse culpable.

Deja ir la ira

No hace nada para cambiar eso. Simplemente te hace sentir mal. Esta puede ser tu forma de eludir cualquier responsabilidad. Si crees que tu mamá tiene toda la culpa de lo que pasó entre ustedes, te liberará de la responsabilidad de hacer algo diferente.

Tomar acción

En lugar de sentirte culpable o enojado, ten una conversación explícita con tu mamá. Hazle saber que la amas y pregúntale qué necesita. Si ella no puede ser sincera, haz algunas conjeturas, según tu leal saber y entender.

- **Si necesita una salida social**, hable sobre los recursos disponibles en su comunidad.
- **Si odia ser demasiado mayor para manejar la casa grande o las tareas que solía hacer**, sea comprensivo y descubra cómo lidiar con esta nueva realidad juntos. Piensa si ustedes dos pueden permitirse el lujo de contratar a alguien por unas pocas horas a la semana. ¿Corto de dinero? Considere la posibilidad de organizar un grupo de limpieza del hogar durante un mes más o menos. Una rutina establecida le asegurará que la ayudarán y evitará que te sientas presionado con demasiada frecuencia.
- **Si necesita ayuda de otros miembros de la familia**, vea si puede encontrar una manera de delegar de vez en cuando para que tenga tiempo de descansar. Los cuidadores necesitan descanso y cuidado.
- **Si ha estado de duelo por mucho tiempo**, o si está perdiendo a alguien que le importa y tiene una enfermedad terminal, aconséjele que consulte a su líder espiritual o terapeuta para que la ayude a lidiar con su pérdida. Si encuentra que ella es una verdadera terapeuta para ayudarla, puede volver a apoyar a su hijo adulto en lugar de tratar de desempeñar un papel inapropiado.
- **Si está enferma**, hágale saber que tú sabes que es más fácil lidiar con eso que estar siempre adivinando. Comprenda que sentirse mal o con dolor crónico puede irritar a las personas.

- **Si crees que tu madre sufre de ansiedad o agorafobia**, encárgate de ello directamente. Simpatía en lugar de crítica. Hable con ella sobre la posibilidad de algunos medicamentos.

Dosis de vida para sanar de una relación tóxica

El diario es una herramienta poderosa para curar el trauma infantil y las relaciones tóxicas. Una vez que decida comenzar el proceso de curación de una relación dañina o abusiva, debe hacer muchas cosas para curarse y, por lo general, no es obvio qué hacer.

La siguiente es una lista de ejercicios que puede hacer todos los días para ayudarte a reflexionar, sentir y sanar los abusos pasados y presentes. Recuerda esta verdad curativa: debes andar a tientas en el dolor; no puedes curar sin pasar por alto. Escribir puede ayudarte a sentir.

Día 1

¿Dónde estás hoy? ¿Qué aspectos de tu vida te preocupan más y te hacen sufrir emocionalmente?

Describe tus sentimientos sobre la niñez.

Día 2

¿Qué necesidades emocionales deseas de los demás? Enumera las necesidades más importantes que crees que no se han satisfecho en tu relación.

Escribe los sentimientos que experimentaste debido a estas necesidades insatisfechas.

Ahora, piensa en tu primer recuerdo y reflexiona sobre tu experiencia con esas mismas necesidades insatisfechas y las emociones resultantes. Anota ese momento de tu vida.

Día 3

Dibuja cómo te sientes. Una vez que uses imágenes descriptivas y metáforas para dibujarlas, obsérvalas, presta atención y verifica tus sentimientos.

Día 4

Escribe tu enojo. Escribe una lista de todas las personas con las que estás enojado y por qué.

Comienza a escribir una carta a la persona con la que estás más enojado (esto no es para él ni para ella, es solo para ti, es una herramienta para ayudarte a lidiar y expresar tu enojo de manera terapéutica).

Día 5

Sigue escribiendo a la persona con la que estás más enojado. Escribe todo lo que puedas hasta que te sientas completo.

Si estás enojado con otros, comienza a escribir una carta a esas personas también. Sigue escribiendo sobre tu enojo hasta que estés satisfecho con todos los de la lista. Esto puede tardar varios días en completarse.

Día 6

¿Qué necesidades insatisfechas has encontrado que crees que no puedes satisfacer?

¿Qué te impide vivir a tu manera?

Día 7

Dibuja una foto familiar de tu infancia. Dibuja las habitaciones de tu casa. ¿Dónde está cada miembro de la familia? Muestra quién ha violado los límites, quién es abusivo, quién no está presente.

Utiliza los mismos estándares que el anterior para hacer un dibujo de tu familia actual.

Día 8

Escribe una lista de todas las cosas negativas que puedas pensar que te dices a ti mismo. Piensa en cada mensaje de autocrítica y condena que repites en tu mente una y otra vez. Una vez que hayas completado tu lista de verificación, escribe otra lista de verificación y usa una declaración positiva para aceptar y compensar cada mensaje negativo.

Día 9

Escribe una lista de mantras positivos y de autoafirmación y comienza a recordar e interiorizar tu vida todos los días. Úselos para reemplazar la información negativa a la que estás acostumbrado.

Día 10

Escribe una carta al yo joven, es decir, al yo que ha experimentado la pérdida o el trauma del yo actual. ¿Qué le dirías para consolarlo? ¿Qué consejo le darías? Proporciona la aceptación, el reconocimiento y la cultivación que necesita para su yo pasado.

Día 11

Siéntate un rato y piensa en las diferentes partes de ti mismo. Tienes un yo joven, una chica fiestera, una rebelde, etc. Identifica los diferentes aspectos de tu personalidad que aparecerán a menudo en tu vida. Esta lista te ayudará a continuar con el proceso de recuperación. Si descubres que tienes muchos roles poco saludables y pocos roles fuertes o compasivos, entonces podrás ver dónde necesitas trabajar.

Haz un dibujo de diferentes partes de ti mismo, reflexiona sobre tu pintura.

Día 12

Acostúmbrate a escribir desde distintos aspectos de uno mismo. Por ejemplo, hoy, escribe tu culpa. Una vez que hayas hecho esto, deja que tu compañero compasivo responda.

Día 13

Escribe tu experiencia de infancia en tercera persona, como si le hubiera pasado a otra persona (había una niña llamada Sally. Era una niña muy hermosa) en la que describas tu infancia y el impacto que tuvo en tus hijos. Después de la influencia de ti, lee tu historia en voz alta. ¿Cómo puede la lectura y la escucha de tu infancia desde diferentes ángulos ayudarte a desarrollar la autocompasión?

Día 14

Piensa en tu día. ¿Qué tipo de pensamientos te molestan más hoy? Escríbelos en tu diario.

Ahora, escribe un consejo de tu yo sabio al yo problemático, explicando lo que puedes hacer para crear una solución.

Día 15

Escribe una lista de personas a las que debes perdonar.

Escribe una carta a todas las personas de la lista indicando qué necesitas perdonar y por qué.

Día 16

Escribe una lista de las personas que ofendiste y las personas a las que necesitas pedir perdón.

Escribe también a estas personas.

Día 17

Escribe una carta a cualquier persona con la que tengas que lidiar con asuntos emocionales sin terminar. Sé completamente honesto en tu carta, describiendo cómo te sientes y lo que necesitas decirles a todos. Al igual que con todos los artículos del diario, estas cartas son solo para tu revisión y deben escribirse con total honestidad y sinceridad.[53]

---

53 ▷ Consejos de escritura para recuperarse de una relación abusiva / tóxica. https://psicologia-ya.com/salud-mental/consejos-de-escritura-para-recuperarse-de-una-relacion-abusiva-toxica/

Dosis de vida al enamorarse de una pareja tóxica

Amar a alguien que te lastima puede dejarte confundido y preguntándote qué hacer. Si bien todos somos diferentes, hay varias razones por las que aún podrías amar a una pareja abusiva. Tal vez el abuso que sufriste fue obvio, dejando huellas físicas que son difíciles de ignorar. Tal vez ocurra a nivel psicológico y, a menudo, sea sutil, dejándote inseguro de si realmente cuenta como abuso.

Otros pueden preguntar: «¿Por qué no te fuiste?» Pero esta opción puede no ser fácil para ti. Hay sentimientos fuertes y otros factores.

Al mismo tiempo, puede tener otras preocupaciones y puede estar pensando en cosas como: ¿y si cambian? ¿Qué pasa si es tu culpa? ¿Y si de eso se trata el amor? Es natural sentirse así, y no es raro. Es posible amar a alguien que te lastima y es posible mantenerse alejado de la relación a pesar de estos sentimientos. La violencia de pareja íntima puede referirse a cualquier violencia física, sexual y psicológica entre compañeros íntimos. Esto puede incluir las siguientes acciones:

- Amenazar.
- Violencia física y sexual.
- Humillación.
- Utilizar la violencia verbal.
- Implementar controles financieros.
- Realizar otras acciones de control.

Puede ocurrir en todo tipo de intimidad sexual o emocional, y afecta a personas de todos los géneros, edades y orígenes. No es raro sentir amor por alguien que está abusando de ti. Esto sucede por muchas razones, especialmente si el amor viene antes que el abuso. Es posible que tengas química con ellos o que tengan cualidades que aún te atraigan. Tal vez te hacen sentir de cierta manera o te tratan bien de vez en cuando.

Estos otros sentimientos no necesariamente desaparecen una vez que te das cuenta de que parte de su comportamiento es abusivo. Esto podría hacer que te preguntes cómo enamorarte de alguien que te lastimó. Sin embargo, amar y querer permanecer en la relación no es lo mismo, y esto puede provocar que no te deshagas de esa relación:

- Temes estar solo o sufrir represalias por parte de una pareja abusiva.
- Careces de recursos económicos para irte.
- Tienes hijos con esta persona.
- Hay creencias y expectativas religiosas, culturales o morales que te impiden alejarte.

Además de estas necesidades, es posible enamorarse de una pareja abusiva y tener dificultades para pensar en dejarlo. Algunas razones por las que todavía amas a tu pareja romántica a pesar del comportamiento abusivo pueden incluir:

- La negación como mecanismo de defensa.
- Atrapado en un ciclo de abuso.
- Tener un trastorno de personalidad o un estilo de apego que te hace sentir dependiente de tu pareja.
- Confusión acerca de las estrategias de manipulación de la pareja.
- Ver cambios temporales en tu pareja te da la esperanza de un cambio a largo plazo.
- Experimentar disonancia cognitiva.
- Sentir que puedes curar a tu pareja con tu amor.
- Experimentar una combinación de trauma, conocida como el síndrome de Estocolmo.

Estas son algunas razones comunes por las que podrías seguir amando a alguien que te lastimó. No significa que tengas un problema. Así es como te sientes y funciona. Sin embargo, debido a que el comportamiento abusivo puede poner en peligro tu integridad personal, es importante prestar mucha atención a estos factores. Ver tu situación claramente puede ayudarte a tomar decisiones que te mantengan fuera de peligro.

Buscar la ayuda de un profesional de la salud también puede ayudarte a desarrollar herramientas para dar los próximos pasos. Cuando niegas algo, tu cerebro puede tratar de protegerte de sentimientos incómodos y dolorosos. Esta es una respuesta de supervivencia al dolor. Si no lo ves, probablemente no te afecte. Pero lo hace.

La negación puede manifestarse de varias maneras. Por ejemplo, puedes pensar que el «abuso» nunca te sucederá. Como resultado, se te ocurren otros nombres o explicaciones para algunos de los comportamientos de tu pareja. En otras palabras, es posible que continúes amando y estando con una pareja abusiva porque no puedes creer lo que está sucediendo.

Los hombres en relaciones abusivas pueden ser especialmente propensos a la sospecha y la negación. Esto puede deberse a la presión cultural y el estigma hacia las parejas femeninas abusivas. Pero los hombres también pueden ser abusados. De hecho, algunos estudios muestran que los hombres tienden a estar en relaciones abusivas con más frecuencia que las mujeres. Sin embargo, cuando revelan esto a familiares, amigos o autoridades, la investigación muestra que a menudo enfrentan burlas, apatía o conmoción.

Estos factores sociales, junto con tus sentimientos, pueden llevarte a desarrollar un estado de negación en el que, sin darte cuenta, ignoras que estás en una relación abusiva. El abuso ocurre en cuatro etapas distintas llamadas ciclo de abuso.

Estas etapas son:

1. Las tensiones aumentan y el abusador puede comenzar a mostrar signos de ira y frustración.
2. Ocurre un incidente de abuso emocional, físico o sexual.
3. La reconciliación comienza después de que ha ocurrido el abuso y el abusador se disculpa o intenta justificar sus acciones.
4. El estado de calma comienza en la etapa cuatro, donde el abusador puede decir: «Nunca volverá a suceder».

Si bien este ciclo puede no ser adecuado para todas las situaciones, las dos últimas partes pueden llevarte a continuar experimentando sentimientos por tu pareja. A menudo puedes pensar en lo que te gusta de ellos y en lo diferente que puede ser la relación a veces. También puedes bloquear temporalmente tus posibles planes de salida.

Desorden de personalidad y estilos de apego

Nunca es tu culpa estar en el extremo receptor de una situación abusiva. No hay absolutamente ninguna razón para que alguien sea dañado de ninguna manera. Aunque nada de lo que hagas puede justificar este tipo de trato, existen condiciones de salud mental que pueden hacer que caigas inconscientemente en la relación y te enamores de una pareja abusiva. Algunas causas establecidas son los trastornos de la personalidad, los cuales pueden estar asociados con una mayor probabilidad de que las mujeres estén en relaciones abusivas.

El trauma infantil y los estilos de apego inseguros o ansiosos también pueden aumentar tus posibilidades de desarrollar y mantener una relación romántica con una pareja abusiva.

Tácticas manipuladoras de parejas abusivas

Algunas parejas abusivas pueden usar tácticas de manipulación, lo que puede generar incertidumbre y confusión sobre tus emociones y los pasos que debes seguir. Por ejemplo, algunas personas con trastorno de personalidad narcisista pueden involucrarse en juegos mentales que hacen que te enamores de ellos y te sientas apegado a la relación.

A veces también pueden jugar a la víctima, lo que puede despertar empatía y compasión en ti. Las estrategias, como el *gaslighting* o el *casting*, también pueden dejarte inseguro de ti mismo y de tus sentimientos. Esto puede dificultar que entiendas por qué amarías a alguien que te lastima.

Vista de «pequeño bien»

El ciclo de abuso puede ser impredecible. Puedes descubrir que tu pareja es amorosa y romántica un día y distante o abusiva al día siguiente. En algunos casos, si una pareja abusiva ve que te vas, es posible que te muestre un poco de amabilidad. Si está pasando por un momento difícil, estos comportamientos pueden ser un cambio refrescante. De hecho, estos comportamientos pueden parecer más grandes de lo que realmente son porque ocurren muy raramente. Además, dan esperanza de que se avecina un cambio. A veces, la amabilidad también puede permitirte afirmar la capacidad de amor y afecto de tu pareja, lo que puede hacer que te enamores de ese aspecto de ellos.

Disonancia cognitiva

Puede sentirse incómodo cuando tus creencias no coinciden con tus experiencias. Es natural querer evitar este malestar. Es por eso que una respuesta natural al abuso puede ser involucrarse en comportamientos o actividades que minimicen el sentimiento. Esta respuesta puede variar de persona a persona.

Mientras que algunas personas abandonan la situación para evitar sentirse angustiados, otros pueden ignorarla, justificarla o racionalizarla. Estos comportamientos pueden hacer que te resulte más difícil distanciarte del amor de tu pareja.

Por ejemplo, racionalizar parte del comportamiento abusivo de tu pareja como «tuvo una infancia difícil» podría hacer que te concentres en lo mal que se siente en lugar de cómo te sientes con respecto al comportamiento.

Quieres curar a tu pareja

Volviendo a cómo podrías enfocarte en la experiencia de tu pareja, podrías liderar con empatía en tu relación. Esto significa que puedes desempeñar el papel de sanador o salvador y deseas quedarte y cuidar a tu pareja. También puedes pensar que, si trabajaras más duro o los amaras incondicionalmente, cambiarían.

Aunque la empatía y la compasión son extremadamente importantes en las relaciones interpersonales, asumir el papel, especialmente cuando estás herido, puede ponerte en una situación dañina.

El cambio es posible, pero puede que no dependa de ti. Tu pareja necesita cambiar, y se deben tomar medidas prácticas para impulsar ese cambio. Esto generalmente significa buscar ayuda profesional y tratamiento a largo plazo.

Dosis de vida en el síndrome de Estocolmo

Si estás experimentando una conexión traumática conocida como síndrome de Estocolmo, esto también podría explicar por qué te sientes tan cerca de tu pareja abusiva. Esta reacción psicológica toma su nombre de un incidente de 1973 cuando dos ladrones tomaron el control de un banco en Estocolmo, Suecia. Retuvieron, amenazaron y maltrataron a cuatro rehenes durante más de cinco días. Sin embargo, cuando los rehenes fueron rescatados, mostraron su apoyo a los ladrones. Más tarde, una rehén se comprometió con uno de ellos, y el otro recaudó fondos para su caso de defensa.

Desde entonces, el término se ha utilizado para describir las conexiones y vínculos psicológicos que pueden crearse entre el «abusador» y la «víctima maltratada». Se usa más comúnmente en incidentes de secuestro y cautiverio. Esta reacción no ocurre en todas las situaciones o relaciones abusivas. Los expertos aún no saben qué factores contribuyeron al desarrollo del vínculo. Pero sí muestra que, en algunos casos, se puede formar un fuerte vínculo entre heridos y heridos.

Superar el autosabotaje: recuperarse de una relación abusiva

Me gusta pensar en mí mismo como un mosaico parcial. En esencia, tenemos diferentes aspectos de nosotros mismos; estos se pueden marcar como «parte del yo», «modelo» o «rol». Estas diferentes partes de nosotros mismos se internalizan en nuestra psique y se convierten en nuestra personalidad.

Las personas con trastornos de la personalidad tienen roles muy singulares. La mayoría de los narcisistas son el Dr. Jekyll, Mr. Hyde, seductor, sanador silencioso, ira, etc. Estos diferentes roles o modelos sirven para proteger a las personas; generalmente protegen los miedos de las personas a la intimidad, la vulnerabilidad y la necesidad.

Con respecto a estas diferentes partes del yo, aparecen cuando se activan. El disparador puede ser interno o externo. A menudo, las víctimas de abuso intentan descubrir cómo no desencadenar al abusador. Es útil darse cuenta de que muchos factores desencadenantes están en la propia mente del abusador, por lo que no tiene sentido asumir ninguna responsabilidad. Los consejeros pueden decírselo de diferentes maneras, pero es posible que no se den cuenta de que algunas personas tienen incentivos inherentes para el abuso.

Como un narcisista, cada uno tiene sus propias partes diferentes, que se desencadenan por ciertas experiencias.

Si estás tratando de deshacerte o curar la influencia de una relación abusiva, un aspecto del viaje de curación es observar tu comportamiento y cómo autosaboteas tu vida. Una forma de comenzar a identificar patrones de autodestrucción es prestar atención a tu participación en relaciones destructivas. No se trata de culpar a la víctima, sino de notar cómo te involucras en una situación destructiva.

Por lo general, cuando se trata del abusador, no hace nada, simplemente acepta el abuso allí. Esta es la parte que puedes ver. ¿Qué te dices a ti mismo cuando otra persona te abusa? ¿Lo estás minimizando? ¿Perdonando? ¿Miras abajo? ¿Esperas a que termine? Cuando otra persona intenta lastimarte, ¿qué puedes hacer para mantenerte despierto?

El autosabotaje es un término que se utiliza para describir cómo dañaste tu propia vida. Un aspecto implica dejarse abusar de sí mismo. Cuando te saboteas a ti mismo, piensa en ti mismo como una especie de «patrón» o «rol» como se describió anteriormente. Esto te ayuda a ver tu comportamiento autodestructivo de manera objetiva para que puedas lidiar con él desde una perspectiva racional.

En otras palabras, cuando descubras que tienes alguno de los siguientes comportamientos, trátalo como tu comportamiento cuando estés en «modo autodestructivo».

Aquí hay algunas formas en que puedes autosabotearte:

- Responsable de las acciones de los demás.
- Demostrarlo y permitir que la otra persona «presione tu botón».
- Permanecer con la persona minimizando el abuso.
- Permanecer con la persona luchando contra el abuso.
- Culpar a los demás por su mal comportamiento.
- Caminar sobre cáscaras de huevo.
- Poner tu energía emocional en una situación irresoluble.
- Apaciguamiento.
- Jugar al «detective».
- Gritar.
- Mendigar.
- Usar sustancias para hacer frente a...

La lista es interminable. Piensa en las cosas que haces que destruyen tu propia salud mental y tu bienestar. Estas cosas no se enumeran aquí y se agregan a tu propia lista.

Entonces, ¿cómo dejas de participar en tu propia autodestrucción (comportamiento despectivo)? La siguiente es una lista de pasos para dejar de sufrir abuso y recuperar tu propia vida:

1. Presta atención al comportamiento de los demás y analízalo en tu propia mente. No le digas nada a la otra persona. Tu recuperación no depende de los cambios de otras personas.

2. Ahora, presta atención a tu reacción. Presta atención a tu comportamiento cuando te abusan. ¿Estás tratando de racionalizar? La mayoría de las veces, veo que las víctimas de abuso se vuelven «demasiado racionales» y reaccionan poco. ¿Eres tú? Si olvidas fácilmente tu reacción, escribe lo que hiciste cuando te abusaron para que puedas recordar lo que hiciste.

3. En lugar de depender de la otra persona para decidir «qué quieres hacer» o tratar de hacer que la otra persona «te vea» o cambie, es mejor concentrarte en ti mismo. ¿Qué quieres hacer con un sádico? ¿Quieres seguir siendo responsable de sus acciones? Este es un aspecto de la autodestrucción.

4. No dejes que tu rol psicológico de «autodestructor» domine el espectáculo. La decisión en la que se basa la elección. Concédele importancia a las cosas que son mejores para ti y las más saludables para ti, y hazlo en lugar de tus reacciones típicas del pasado.

5. Para curar el comportamiento autodestructivo, debes utilizar el comportamiento de autoevaluación. Es realmente simple. Sí, debido a los comportamientos que has estado aprendiendo hasta ahora, puede ser difícil hacerlo al principio, sin embargo, los hábitos se pueden romper, incluso los «malos» hábitos arraigados. A continuación, se muestran algunos ejemplos de comportamientos de autoevaluación:

- **No te dejes abusar; en cambio, vete.**
- **Cuida tu salud mental.** Pasa tiempo con ciertas personas.
- **No te dejes comportar de forma irrespetuosa.** Si descubres que quieres comportarte como un abusador en venganza, no lo hagas; en su lugar, aléjate y llama a una persona segura para que se ocupe de tus pensamientos y sentimientos y/o escríbelos en tu diario.
- **Cuida tu cuerpo.** Haz ejercicio, come alimentos saludables y asegúrate de dormir lo suficiente.
- **Construye relaciones con personas seguras.** ¿Quién no te lastimará y será honesto contigo?
- **No te engañes.**

- **Cultiva una «voz compasiva» interior**. No te critiques a ti mismo. Está bien que te animes a «hacerlo mejor la próxima vez», pero no seas despreciativo ni autodespreciativo.

  No importa lo que hagas, recuerda que solo tienes una vida y que puedes vivir bien. Puedes controlarte a ti mismo, no a otras personas; es una calle de doble sentido.[54]

---

54 ▷ Superar el autosabotaje: recuperarse de una relación abusiva. https://psicologiaya.com/salud-mental/superar-el-autosabotaje-recuperarse-de-una-relacion-abusiva/

Dosis de vida para recuperarse de rechazos y rupturas

El rechazo es doloroso porque nuestro sistema nervioso es innatamente necesitado. El rechazo romántico es especialmente doloroso. Sentirse solo y desconectado comparte el propósito evolutivo de supervivencia y reproducción. Idealmente, la soledad debería alentarte a acercarte a los demás y mantener tus relaciones.

La sensibilidad al dolor emocional reside en la misma área del cerebro que el dolor físico, y causa la misma cantidad de daño. Nuestra respuesta al dolor está influenciada genéticamente, y si aumenta nuestra sensibilidad al dolor físico, somos más susceptibles a los sentimientos de rechazo.

El rechazo puede conducir a la depresión, especialmente si ya estamos levemente deprimidos o hemos sufrido depresión y otras pérdidas en el pasado. Otros factores que influyen en cómo nos sentimos después de una ruptura son:

- La duración de la relación
- Nuestro estilo de apego
- Intimidad y compromiso
- Si el problema es reconocido y discutido
- La previsibilidad de una ruptura
- Desaprobación cultural y familiar
- Otras pérdidas actuales o pasadas
- Autoestima

Si tenemos un estilo de apego ansioso, podemos obsesionarnos fácilmente, desarrollar emociones negativas e intentar restablecer la relación. Si tenemos un estilo de apego seguro y saludable (algo inusual para las personas interdependientes), somos más resistentes y capaces de calmarnos a nosotros mismos. Si la relación carece de verdadera intimidad, la intimidad falsa puede haber reemplazado una conexión real y vinculante.

En algunas relaciones, la intimidad es frágil porque uno o ambos miembros de la pareja no están emocionalmente disponibles. Por ejemplo, la pareja de un narcisista a menudo se siente poco importante o no amada, pero luchar por ganarse el amor y la aprobación demuestra que lo es. La falta de intimidad puede ser una señal de advertencia de un problema en la relación.[55]

55 ▷ Recuperarse de rechazos y rupturas. https://psicologiaya.com/blog/recuperarse-de-recha-zos-y-rupturas/

Dosis de vida en la vergüenza y baja autoestima

Si nuestra autoestima es baja, el rechazo puede destruirnos. Nuestra autoestima afecta nuestra interpretación personal del comportamiento de nuestra pareja y cuánto confiamos en nosotros mismos y en nuestro sentido de autoestima.

Es más probable que los codependientes respondan a los signos de infelicidad de su pareja y tienden a tomar sus palabras y acciones como comentarios sobre sí mismos y su valor. Además, muchas personas codependientes renuncian a intereses personales, deseos y amigos una vez que se involucran románticamente. Se adaptan a su pareja y su vida gira en torno a la relación.

Si no tienen pasatiempos, objetivos y sistemas de apoyo, perderlos hará que su mundo se desmorone. A menudo, la falta de autodefinición y autonomía de antemano los lleva a buscar a alguien para llenar el vacío interior, lo que no solo conduce a problemas de relación, sino que resurge una vez que están solos.

La vergüenza internalizada hace que nos culpemos a nosotros mismos o culpemos a nuestra pareja. Crea una sensación de fracaso y falta de amor de la que es difícil deshacerse. Podemos sentirnos culpables y responsables no solo de nuestras propias deficiencias y acciones, sino también de los sentimientos y acciones de nuestra pareja; es decir, culpándonos a nosotros mismos por la aventura de nuestra pareja. La vergüenza tóxica a menudo comienza en la infancia.

Una ruptura también puede desencadenar el duelo, que se asocia más apropiadamente con el abandono temprano de los padres. Muchas personas inician relaciones en busca de amor incondicional, con la esperanza de sanar necesidades no satisfechas y traumas de la infancia.

Podemos quedar atrapados en un «ciclo de abandono» negativo que engendra vergüenza, miedo y relaciones de abandono. Incluso podemos provocarlo si nos sentimos indignos y esperamos el rechazo. Sanar nuestro pasado nos permite vivir en el presente y responder adecuadamente a los demás. Te recuperarás, pero tus acciones juegan un papel considerable en el tiempo que lleva recuperarte y si creces y te mejoras a ti mismo a partir de tu experiencia.[56]

---

56 ▷ Recuperarse de rechazos y rupturas. https://psicologiaya.com/blog/recuperarse-de-recha-zos-y-rupturas/

Nuestro salvavidas psicológico, incluso si hemos tenido enormes dificultades en nuestra vida o una forma de crecer dolorosa, ya sea enfrentando muchas adversidades o disfrutando de abundancia material, somos los únicos que podemos reparar nuestras vidas. De niños, nos hicieron creer que ellos tenían razón, y nos hemos convertido en adultos sumidos en nuestro propio abismo emocional.

Nos han llevado a depender de los psicólogos como fuente de resolución, generando cada vez más pacientes para ocuparnos en arreglar las enfermedades de salud mental. Lo más perturbador que hemos logrado con esto es confundir y perturbar a las nuevas generaciones, haciéndolas inseguras y llevándolas a creer que no pueden enfrentar un problema por sí mismas, que necesitan orientadores y apoyos para tomar decisiones. Hagamos una tercera ola de salud mental que surja de nosotros mismos, de nuestra educación, de nuestra familia. No esperemos a que otros arreglen lo que hemos hecho mal por falta de conciencia. La conciencia, en realidad, nos salva y nos cura.

Que tu código sea vivir para mejorar, vivir con salud mental. El mío lo es y seguirá siéndolo hoy, mañana y pasado mañana. Que también lo sea para ti.

EDIQUID

9 789566 404729